크리스천을 위한 참 좋은 알뜰정보

♥ 가 계 부

주님과 함께하는 말씀과 기도문

_____ 님에게

_____ 드립니다.

현문화

가계부 이렇게 쓰세요

가계부 기록의 필요성

나날이 고도화 되어가고 다양화 되어가는 현대 생활, 그 속에서 바쁘게 돌아가는 경제상항은 결코 알뜰 주부의 사정을 고려해 주진 않습니다.

따라서 자칫하면 적자 가계가 되기 쉬우므로 주부들의 계획적이고 지혜로운 가계 운영이 필요한 것입니다. 가계관리란 수입이 많고 적음에 관계없이 자기 집의 경제 사정에 맞추어 필요한 저축을 하면서 과소비를 억제하여 알뜰하고 충실한 생활을 할 수 있도록 합리적인 가계운영을 하는 것입니다.

생활의 여러부분을 유기적으로 파악하고 그 실태를 매일 가계부에 기록하여 그것을 토대로 보다 효과적인 가계 운영을 하기 위해 가계부의 기록은 꼭 필요한 것입니다.

매일 매일의 기록이 중요

가계부 기록중 중요한 것은 매일의 수입과 지출을 기록하는 것입니다. 하루 일과가 바쁘다 보면 정신이 없어 기록하지 못하고 지나쳐버리는 경우가 있으므로 낮에는 시간나는 대로 메모를 해 두었다가 저녁 잠자리에 들기 전에는 반드시 정리하는 습관을 갖는 것이 중요합니다.

자신의 수준에 맞게 기록

가계부의 기록은 자신의 가정에 맞게 자유롭게 쓰는 것이 좋습니다. 즉, 초보자는 매일 현금의 수입과 지출만이라도 기록하여 일주일간의 수입과 지출의 합계를 계산하여 현금과 맞춰보도록 하고 어느 정도 기록이 습관화 된 사람은 수입과 지출뿐만 아니라 현금 외의 수입과 지출도 일기 및 수지메모란에 기입하고 수지정리표에도 매주 기록 정리합니다.

항목 분류의 집계

매일 매일의 현금 수입과 지출은 항목 분류에 의하여 분류정리합니다. 이때 주의할 것은 한번 정한 항목은 1년간 계속 그대로 지켜야 그 항목에 관련된 쓰임새를 알 수 있다는 것입니다.

기록후 반드시 가계생활의 반성을 거쳐야

가계부의 기록은 한해의 계획을 세워 목표를 달성해 가는 하나의 지표로서 이용될 수 있도록 해야하며, 매주 수지정리와 결산을 통해 흑자, 적자의 원인을 찾아서 그것을 수정해 나가도록 하는 가계생활의 반성과 계획적인 가계운영의 길잡이로 활용되어야 합니다. 매일 매일의 기록을 습관화 시켜가면서 좀더 세부적으로 기록하는 것이 알뜰 살림을 위해 좋습니다.

가계부 항목 분류는 이렇게 한다.

수 입

- 소득 : 월급, 상여금, 이자나 배당금 등 현금 수입액, 현물 등의 수입액
- 저축 인출 : 예금, 적금 등의 인출
- 차입 : 남에게 빌린돈

지 출

- 식비 : 주·부식, 쌀, 보리, 국수, 빵, 고기, 생선 계란, 우유, 채소 및 해조류, 식용유, 가공 식품, 조미료 등 아이들 간식용 과자, 사탕, 아이스크림 및 음료, 주류, 외식, 학급 급식, 직장 급식 등 끼니를 위해 먹는 음식비
- 주거관리비 : 집세, 부엌용품, 가구 집기, 집·가 등의 수리비, 아파트 관리비, 화재보험료전기요금, 수도요금, 가스요금석유, 연탄 등
- 세금·공과금 : 소득세, 주민세 등의 각종 세금, 적십자 회비, 사회 보험료, 기타 공공 부담금
- 의복비 : 옷값 일체, 양말, 침구, 신발, 의류 수리, 세탁비, 장신구, 가방, 수건 등
- 보건 위생비 : 의료비, 약품, 목욕비, 화장품, 비누, 소독비, 청소비, 치약, 칫솔 등
- 교육 : 학비, 학용품비, 교과서, 참고서대, 학원비, 놀이감 구입비 등
- 문화생활비 : 서적, 신문, 잡지, TV 시청료, 영화, 음악회, 레크레이션 비용, 주부 학원 수강료, 사진현상, 인화료 등
- 교제비 : 경조사비, 손님 접대비, 각종 회비, 사회 봉사비
- 교통·통신비 : 각종 교통비, 전화 요금, 우편 요금
- 기타 : 가정마다 별도로 설치할 필요가 있는 항목, 육아비, 자동차 관리비, 용돈, 잡지 등을 임의로 설정해 독립 항목으로 처리함
- 특별비 : 내구 소재비 구입, 결혼 피로연 비용, 장례비용 등

저 축

- 저축성 예금 : 정기적금, 정기 예금, 생명보험료, 주식 및 채권 등의 유가증권 구입
- 요구불 예금 : 저축예금, 자유저축예금
- 차입금 상환 : 차입금

가계부 사용법

1 January

새우완자탕

◀ 재 료
새우250g, 달걀흰자1개분, 대파2뿌리, 죽순1개, 표고4개, 청경채2포기, 녹말1/4컵, 생강즙 약간, 간장2큰술, 소금 참기름 약간씩

◀ 만들기
1. 새우는 곱게 다진다.
2. 다진 새우에 소금, 후춧가루, 녹말, 달걀흰자를 넣어 반죽 한다.
3. 반죽한 새우를 동그랗게 완자로 만든다.
4. 청경채는 끓는 물에 살짝 데쳐 반으로 썬다.
5. 표고버섯은 미지근한 물에 불리고 물기를 꼭 짠 후 저며 썰고, 대파는 어슷썬다. 죽순도 모양을 살려 적당한 굵기로 썬다.
6. 끓는 물 5컵에 완자를 넣어 익혀 건진다.
7. ⑥의 끓는 육수에 새우완자와 죽순, 표고버섯, 청경채, 대파를 넣고 간장, 소금으로 간을 한다.
8. 불을 끄고 참기름 1방울을 떨어 뜨린다.

* 반죽을 충분히 치댈수록 끈기가 생겨, 완자 모양이 부서지지 않는답니다.

	월요일		화요일	
	내용	금액	내용	금액
수 입				
수입합계				
식비				
주거관리비				
공 과 비				
생활용품				
의 복 비				
건강미용				
교 육 비				
문화·레저				
축하·경조				
저축·보험				
교통·통신				
기 타				
지출합계				
잔 액				

> 월별 날짜는 셀프입니다. 독자분들께서 기록하여 사용하세요

> 수입란은 고정적인 월급, 상여금, 이익배당금, 지인들에게 받은 상품권 및 가정내 모든 수입을 기록하세요

> 빈칸은 각종 영수증을 붙혀 보관하세요

예수는 물러가사 한적한 곳에서 기도하시니라. (눅 5:16)

많은 크리스천들이 꾸준히 그리고 깊이 기도하기를 소망합니다. 늘 소망한다는 것은 바라는 대로 잘 안 된다는 뜻이기도 합니다. 자동차, 세탁기, 컴퓨터 등등 시간을 벌어주는 수많은 기계들에 둘러싸여 있으면서도 옛날보다 더 시간이 부족한 것이 현대인의 모습입니다. 당신은 어떻습니까? 너무 바빠 기도할 시간이 없~~~~~~~~~~~~~~~~~~~~~시리라 믿으십니까? 예수님~~~~~~~~~~~~~~~~~~~~~~~~~~자투리 시간이 아니라 가장 소중한 시간을 주님께 드리기 원합니다. 기도를 위해 시간을 구별하십시오. 가장 소중한 시간을 주님을 위해 드리십시오.

기도 : 주님, 가장 귀한 시간에 주님과 만나기를 원합니다. 제가 분주함과의 전쟁에서 승리할 수 있도록 도와 주세요.

오늘의 메모

> 메모란으로 사용 하시면 됩니다. 각종행사 및 주요내용을 일별로 구분하여 메모하세요.

■1년간 월별수지 결산표 ■

		월 예 산	예산수정	1월	2월	3월	4월	5월	6월
가족총수입	고 정 수 입								
	기 타 수 입								
	지난달 남은돈								
	수 입 합 계								
생활지출비	식 비 (부식비)								
	합 계								
	주거관리비								
	공과금								
	생활용품								
	의복비								
	건강·미용								
	교육비								
	문화·레저								
	축하·경조비								
	저축·보험								
	교통·통신								
	차량유지비								
	기 타								
	지출예산합계								
	예 비 비								
	이달의 남은돈								

memo

7월	8월	9월	10월	11월	12월	연간합계	예산 · 결산차액	월평균결산

전기 · 가스 · 수도 · 전화사용 일람표

월＼종류	관리비	전 기		가 스		수 도		전 화		기 름		연 탄		( )	
		사용량	요금	사용량	요금	사용량	요금	사용량	요금	사용량	요금	사용량	요금	사용량	요금
1월															
2월															
3월															
4월															
5월															
6월															
7월															
8월															
9월															
10월															
11월															
12월															
합계															

각종 저축예금 · 보험료 일람표

은행	종류 · 기호 · 번호	계약일	만기일	금 액	이율	1회불입액	공과금수수료 자동입금계좌	명 의	인 감	비 고

주식·채권·투자신탁 일람표

날짜	종류·액면가	이 름	금 액	만기·매각액	배 당	결산액	비고(구좌)

아프터 서비스점 기록표

회 사 명	전 화 번 호	회 사 명	전 화 번 호

카드명과 카드번호

카 드 명	카 드 번 호	만 기 일

▦ 가족 개일별 지출 ▦

이 름	내역＼월	1월	2월	3월	4월	5월	6월
	용 돈						
	의 복 비						
	교 통 비						
	문화교제						
	기 타						
	합 계						
	용 돈						
	의 복 비						
	교 통 비						
	문화교제						
	기 타						
	합 계						
	용 돈						
	의 복 비						
	교 통 비						
	문화교제						
	기 타						
	합 계						
	용 돈						
	의 복 비						
	교 통 비						
	문화교제						
	기 타						
	합 계						
	용 돈						
	의 복 비						
	교 통 비						
	문화교제						
	기 타						
	합 계						

memo

7월	8월	9월	10월	11월	12월	합 계

memo

▥ 신용카드 사용기록 ▥

카드명				
카드명의				
카드번호				
사용한도				
결제계좌				
결제일				
카드회사Tel				

구입일	사용카드	상품명	금액	기타	구입일	사용카드	상품명	금액	기타

memo

▒ 저축 · 정기예금 · 적금리스트 ▒

금융기관 이름	예금종류 · 계좌번호	만기금액	1회 불입액	명의	계약일	만기일

▒ 보험리스트 ▒

보험회사 이름	종류 · 증권번호	총보험금	월보험료	계약일	만기일	피보험자

▒ 대출금 · 활부금 상환리스트 ▒

내용	총액	총보험금	기간	날짜	계좌번호

memo

▒ 차량유지비 일람표 ▒

차량유지내역 \ 월		1월					월합계	2월					월합계	3월				
연료비	일 자																	
	연료 주입시 주행거리(km)																	
	기름량 ℓ																	
	금 액																	
관리비	세금 · 보험료																	
	수 리 비																	
	주 차 비																	
	세 차 비																	
	기 타																	
총 경 비																		

알뜰운전메모
월초주행거리(　km)
월간주행거리(　km)
월말주행거리(　km)

차량유지내역 \ 월		7월					월합계	8월					월합계	9월				
연료비	일 자																	
	연료 주입시 주행거리(km)																	
	기름량 ℓ																	
	금 액																	
관리비	세금 · 보험료																	
	수 리 비																	
	주 차 비																	
	세 차 비																	
	기 타																	
총 경 비																		

알뜰운전메모
월초주행거리(　km)
월간주행거리(　km)
월말주행거리(　km)

월합계	4월				월합계	5월				월합계	6월				월합계

월합계	10월				월합계	11월				월합계	12월				월합계

보너스 사용계획

		( )보너스 지급 월 일			( )보너스 지급 월 일			( )보너스 지급 월 일		
수	총 액									
	소 득 세									
	수 민 세									
입	기타공제									
	공제총액									
	실수령액									

	일자	내 용	금 액	일자	내 용	금 액	일자	내 용	금 액
지									
출									
합 계									
남은돈									

memo

		( )보너스 지급 월 일			( )보너스 지급 월 일			( )보너스 지급 월 일	
수	총 액								
	소 득 세								
	주 민 세								
입	기타공제								
	공제총액								
	실수령액								

	일자	내 용	금 액	일자	내 용	금 액	일자	내 용	금 액
지									
출									
합 계									
남은돈									

memo

가족행사 기념일 (생일 · 결혼 · 기념일 · 추모일)

이 름	행 사 일	내용 · 계획	이 름	행 사 일	내용 · 계획

선물 · 축의금 일람표

날 짜	받은 사람	행 사 명	보낸 선물 내용	받은 선물 내용	비고

메모해 두어야 할 통장계좌번호

이 름	은 행	계좌번호	이 름	은 행	계좌번호

예산 · 결산

내용 · 계획	예 산	결 산	비 고
수 입			
저축인출			
차입 (전월잔액)			
수입 합계			

	예 산	결 산	비 고
식비			
부식비			
주거관리비			
공과비			
생활용품			
의복비			
건강미용			
교육비			
문화 · 레저			
축하 · 경조			
저축 · 보험			
교통 · 통신			
기 타			
특별비			
저축 저축성예금			
요구불예금			
차입금 상환			
지출 합계			

현재 남은 돈	

이달에 해야 할일

1
2
3
4
5
6
7
8
9
10
11
12
13
14
15
16
17
18
19
20
21
22
23
24
25
26
27
28
29
30
31

1 January

새우완자탕

◀ 재료

새우250g, 달걀흰자1개분, 대파2뿌리, 죽순1개, 표고4개, 청경채2포기, 녹말1/4컵, 생강즙 약간, 간장2큰술, 소금 참기름 약간씩

◀ 만들기

1. 새우는 곱게 다진다.
2. 다진 새우에 소금, 후춧가루, 녹말, 달걀흰자를 넣어 반죽 한다.
3. 반죽한 새우를 동그랗게 완자로 만든다.
4. 청경채는 끓는 물에 살짝 데쳐 반으로 썬다.
5. 표고버섯은 미지근한 물에 불리고 물기를 꼭 짠 후 저며 썰고, 대파는 어슷썬다. 죽순도 모양을 살려 적당한 굵기로 썬다.
6. 끓는 물 5컵에 완자를 넣어 익혀 건진다.
7. ⑥의 끓는 육수에 새우완자와 죽순, 표고버섯, 청경채, 대파를 넣고 간장, 소금으로 간을 한다.
8. 불을 끄고 참기름 1방울을 떨어 뜨린다.

* 반죽을 충분히 치댈수록 끈기가 생겨, 완자 모양이 부서지지 않는답니다.

	월요일		화요일		수요일	
	내용	금액	내용	금액	내용	금액
수 입						
수입합계						
식비						
주거관리비						
공 과 비						
생활용품						
의 복 비						
건강미용						
교 육 비						
문화·레저						
축하·경조						
저축·보험						
교통·통신						
기 타						
지출합계						
잔 액						

예수께서 이르시되 너희는 나를 누구라 하느냐…. (눅 9:20)

예수님은 제자들에게 물으셨습니다. "너희는 나를 누구라 하느냐?" 오늘 당신에게도 동일하게 물으십니다. "너는 나를 누구라 하느냐? 다른 사람이 말하는 나 말고, 네가 말하는 나는 누구냐? 너의 머리와 지식이 아니라 네 가슴은, 네 삶은 나를 누구라 하느냐?" 주님은 물으십니다. "네 입술 말고, 아무도 없는 은밀한 곳에 있을 때 네 행동은 나를 누구라 하느냐?" 주님은 계속하여 물으십니다. "너의 지갑은 나를 누구라 하느냐? 너의 시간은 나를 누구라 하느냐? 네 표정과 네 인력은 나를 누구라 하느냐?" 당신의 입술, 당신의 행동, 당신의 지갑, 당신의 시간은 과연 예수를 누구라고 고백하고 있습니까?

기도 : 예수님, 제가 주님을 주님으로 고백하는 그 고백처럼 저의 돈과 시간이 사용되는 그곳에서도 주님의 주권이 드러나도록 도와주십시오.

오늘의 메모

목요일		금요일		토요일		주일		주계	누계
내용	금액	내용	금액	내용	금액	내용	금액	주계	누계

남에게 대접을 받고자 하는 대로 너희도 남을 대접하라. (눅 6 : 31)

딜무드에 나오는 유명한 이야기 중에 굴뚝 청소를 하고 니온 두 사람에 관한 물음이 있습니다. 한 사람은 깨끗한 채로 나왔고 다른 사람은 더러운 채로 나왔는데 누가 깨끗하게 씻게 되겠느냐는 물음입니다. 정답은 깨끗한 사람이 씻게 된다는 것입니다. 서로 상대방을 통해 자기가 깨끗한지 더러운지를 살펴보기 때문이지요. 사람은 서로가 서로에게 거울입니다. 상대방에게 비치는 모습을 통해 자신을 바라보게 됩니다. 모든 사람에게는 그를 창조하신 하나님의 형상이 있습니다. 그리스도인의 삶은 나 자신 속에서, 그리고 다른 사람들 속에서 그 하나님의 형상을 발견하는 삶입니다.

기도 : 주님, 다른 사람들이 뭔가 해 주기를 바라기보다 제가 그들을 위해 할 수 있는 일을 하기 원합니다. 사람들이 저를 통해 하나님의 형상을 볼 수 있는 향기나는 삶을 살기 원합니다.

잠언 1:7~9

여호와를 경외하는 것이 지식의 근본이거늘 미련한 자는 지혜와 훈계를 멸시하느니라 내 아들아 네 아비의 훈계를 들으며 네 어미의 법을 떠나지 말라 이는 네 머리의 아름다운 관이요 네 목의 금 사슬이니라

1 January

감자그라탕

◀ 재 료

감자 4개, 새우살 100g, 햄 100g, 모짜렐라 치즈 200g, 파슬리가루 약간, 식용유 1큰술, 버터 1작은술

◀ 만들기

1. 감자 3개는 껍질을 벗겨 푹 삶아 으깨 굵은 체에 내린다.
2. 감자 1개는 껍질을 벗겨 굵게 채썰어 놓는다.
3. 새우살은 깨끗이 손질하여 씻어 물기를 뺀다.
4. 햄은 어슷 썰어 준비하고, 모짜렐라 치즈도 준비한다.
5. 그라탕 용기에 버터를 얇게 바르고 감자, 새우살, 햄을 고루섞어 넣는다.
6. 맨 위에 모짜렐라 치즈를 얹는다.
7. 200도로 예열된 오븐에 10분간 구워 파슬리 가루를 뿌려낸다.

		월요일		화요일		수요일	
		내용	금액	내용	금액	내용	금액
수 입							
수입합계							
식비							
주거관리비							
공 과 비							
생활용품							
의 복 비							
건강미용							
교 육 비							
문화•레저							
축하•경조							
저축•보험							
교통•통신							
기 타							
지출합계							
잔 액							

동행중에 있는 줄로 생각하고 하룻길을 간 후 친족과 아는 자 중에서 찾되 만나지 못하매 찾으면서 예루살렘에 돌아갔더니. (눅 2 : 44∼45)

매월 20일을 전후로 받는 전기요금 납입고지서의 뒷면을 눈여겨 본 적이 있습니까? '한전이 미아를 찾아주고 있습니다' 라는 난이 있습니다. 아이들을 찾고 있는 부모의 심정은 말로 표현할 수 없겠지요. 경황 없이 많은 사람들에 휩쓸리느라 어린 예수님을 잃은 마리아의 심정도 그랬을 것입니다. 마리아가 성전의 선생들 가운데 있는 예수님을 찾은 것은 사흘이 지난 후였습니다. 그 사이에 마리아와 요셉의 가슴은 까맣게 타들어가 버렸을 것입니다. 예수님은 부모와 떨어졌어도 의젓했으나, 지금 부모를 잃어버린 아이들은 애타게 부모를 찾으며 울고 있을 것입니다. 오늘은 잃어버린 아이들과 그 부모들을 위해 기도해 주십시오. 당신의 간절한 기도가 큰 힘이 될 것입니다.

기도 : 하나님, 엄마를 잃고 헤매는 아이들을 지켜주시고 하루라도 빨리 엄마품으로 돌아올 수 있도록 인도해 주십시오.

오늘의 메모		

목요일		금요일		토요일		주일			
내용	금액	내용	금액	내용	금액	내용	금액	주계	누계

…나의 사랑하는 자들아 너희가 나 있을 때뿐 아니라 더욱 지금 나 없을 때에도 항상 복종하여 두렵고 떨림으로 너희 구원을 이루라. (빌 2 : 12)

'예수님은 비오는 수요일 저녁 예배에 오신다'는 말이 있다는 것을 아십니까. 왜 하필이면 '비오는 수요일'일까요. 비오는 날은 집 밖에 나서기가 싫어집니다. 빗물이 튀는 거리를 걷는 것도 불편하고 우산을 들어야 한다는 것도 귀찮습니다. 더구나 수요일이면 한 주의 중간이라 슬슬 피곤이 쌓이고 휴일은 아직 3일이나 남아 있는, 즐거움이라고는 없는 날입니다. 이런 날의 예배는 드리면 좋지만 안 드려도 그만이라고 생각하기 쉽습니다. 선택을 해야 할 때 한 번쯤 기억하십시오. 예수님은 비오는 수요일 저녁 예배에 오실지도 모른다는 것을. 하나님의 열심은 비오는 수요일 저녁에도 쉬지 않는다는 것을.
기도 : 하나님, 저에게 주어진 모든 날들이 언제나 축복임을 압니다. 제가 하나님께 드리는 마음도 날씨의 흐리고 개임에 따라 흔들리지 않게 해 주세요.

잠언 8:1~5
지혜가 부르지 아니하느냐 명철이 소리를 높이지 아니하느냐 그가 길가의 높은 곳과 네거리에 서며 성문 곁과 문 어귀와 여러 출입하는 문에서 불러 이르되 사람들아 내가 너희를 부르며 내가 인자들에게 소리를 높이노라 어리석은 자들아 너희는 명철할지니라 미련한 자들아 너희는 마음이 밝을지니라

21

1 January

	월요일		화요일		수요일	
	내용	금액	내용	금액	내용	금액
수 입						
수입합계						
식비						
주거관리비						
공 과 비						
생활용품						
의 복 비						
건강미용						
교 육 비						
문화•레저						
축하•경조						
저축•보험						
교통•통신						
기 타						
지출합계						
잔 액						

볶음밥 달걀말음

◀ 재료

밥 1인분, 달걀1개, 당근 50g, 표고버섯3장, 완두콩 1/4C, 양파1/2개, 토마토케첩3TS, 식용유, 소금, 후추, 고구마100g(1/2개), 오이 1/2개, 레디쉬1개, 튀김기름, 소금, 후추

◀ 만들기

1. 표고는 물에 불려 꼭지를 떼고 물기를 짠 후 잘게 다진다.

2. 완두콩은 소금물에 삶아 놓고, 당근, 양파는 잘게 썬다.

3. 사각 팬에 기름을 넣고 팬이 뜨거워지면 달걀을 넣어 지단을 부쳐 김발로 편편하게 눌러 놓는다.

4. 오목한 팬에 야채를 넣어 볶다가 야채가 익으면 완두콩을 넣는다.

5. ④에 밥을 넣고 고루 볶은 후 케첩을 넣어 섞으면서 소금, 후추로 양념한다.

6. 김발에 달걀 지단을 펴 놓고, ⑤의 볶음밥을 놓고 김발로 둥글게 말아 한 입크기로 썬다.

7. 고구마는 둥글게 썰어 기름에 두 번 튀겨 낸다.

8. 도시락에 볶음밥 달걀말음을 담고, 고구마튀김과 오이을 곁들여 담는다.

9. 레디쉬는 윗부분에 잘게 칼집을 넣어 도려 내어 도시락을 장식한다.

예수는 물러가사 한적한 곳에서 기도하시니라. (눅 5:16)

많은 크리스천들이 꾸준히 그리고 깊이 기도하기를 소망합니다. 늘 소망한다는 것은 바라는 대로 잘 안 된다는 뜻이기도 합니다. 자동차, 세탁기, 컴퓨터 등등 시간을 벌어주는 수많은 기계들에 둘러싸여 있으면서도 옛날보다 더 시간이 부족한 것이 현대인의 모습입니다. 당신은 어떻습니까? 너무 바빠 기도할 시간이 없습니까? 기도하지 않아도 마음의 중심을 아시는 주님께서 다 알아서 해주시리라 믿으십니까? 예수님도 이른 새벽 미명과 늦은 저녁 시간을 구별하여 기도하셨습니다. 주님은 자투리 시간이 아니라 가장 소중한 시간을 주님께 드리기 원하십니다. 기도를 위해 시간을 구별하십시오. 가장 소중한 시간을 주님을 위해 드리십시오.

기도 : 주님, 가장 귀한 시간에 주님과 만나기를 원합니다. 제가 분주함과의 전쟁에서 승리할 수 있도록 도와 주세요.

오늘의 메모

목요일		금요일		토요일		주일			
내용	금액	내용	금액	내용	금액	내용	금액	주계	누계

…그가 그리스도로 말미암아 우리를 자기와 화목하게 하시고 또 우리에게 화목하게 하는 직분을 주셨으니. (고후 5 : 18)

'결혼은 상대방을 알아가는 과정' 이라는 말이 있습니다. 결혼 후에 모든 것이 완벽하게 되어 동화에서처럼 '행복하게 오랫동안' 사는 게 아닌 것입니다. 서로 다르기 때문에 부딪힐 수밖에 없습니다. 그래서 부부가 일심동체가 되기 위해서는 서로를 있는 그대로의 모습대로 인정하고 이해해야 하는 것입니다. 행복한 가정생활을 위해 몇 가지 원칙을 세우십시오. 여기 몇 가지를 소개하겠습니다. 1. 하나님이 왜 지금의 배우자와 결혼시켜 주셨는지 상기하라. 2. 상대의 감정을 존중하며 서로 대화하라. 3. 문제가 있다면 속으로 앓지 말고 함께 풀어보라. 4. 경제 관리를 신중하게 잘하라. 5. 극단 적인 말, 상처 주는 말을 삼가라.

기도 : 하나님, 살아가면서 다툼을 피할 수는 없는 것 같습니다. 그러나 오랫동안 감정이 상해 있지 않도록 도와주시고, 서로를 이해할 수 있도록 저희들의 마음을 열어주세요.

잠언 9:9~12

지혜 있는 자에게 교훈을 더하라 그가 더욱 지혜로워질 것이요 의로운 사람을 가르치라 그의 학식이 더하리라 여호와를 경외하는 것이 지혜의 근본이요 거룩하신 자를 아는 것이 명철이니라 나 지혜로 말미암아 네 날이 많아질 것이요 네 생명의 해가 네게 더하리라 네가 만일 지혜로우면 그 지혜가 네게 유익할 것이나 네가 만일 거만하면 너 홀로 해를 당하리라

김치고로케

◀ 재료

김치200g, 감자2개, 피망
1/4개, 참치캔1/2캔, 밀가루
5큰술, 달걀1개, 빵가루1컵,
튀김기름

◀ 만들기

1. 김치는 두 번 정도 물에
   씻어 잘게 썰어 놓는다.
2. 감자는 냄비에 물을 충
   분히 붓고 삶아서 익혀
   뜨거울 때 체에 내린다.
3. 참치는 체에 내려 기름
   을 빼고 피망은 잘게 다
   진다.
4. 김치, 참치, 감자, 피망을
   섞어 동그란 모양으로
   만든다.
5. 만든 완자에 밀가루를
   골고루 묻히고 탁탁 털
   어 달걀물을 입힌다.
6. 달걀물을 입힌 완자에
   빵가루를 꾹꾹 눌러 묻
   힌다.
7. 180도 튀김기름에 완자
   를 넣고 노릇하게 튀긴
   다.
8. 속재료는 다 익었기 때
   문에 겉에 색깔만 노릇
   하게 나면 된다.

* 감자는 뜨거울 때 잘라 체에
  내리세요.

* 고로케는 높은 온도에서 재빨
  리 튀기세요.

	월요일		화요일		수요일	
	내용	금액	내용	금액	내용	금액
수 입						
수입합계						
식비						
주거관리비						
공 과 비						
생활용품						
의 복 비						
건강미용						
교 육 비						
문화 • 레저						
축하 • 경조						
저축 • 보험						
교통 • 통신						
기 타						
지출합계						
잔 액						

…내 어머니와 내 동생들은 곧 하나님의 말씀을 듣고 행하는 이 사람들이라 하시니라.(눅 8 : 21)

세상 무엇과도 바꿀 수 없는 소중한 존재가 잉태되면서 부부 사이에는 예전보다 더욱 강력한 사랑의 띠가 둘러질 것입니다. 그러나 자칫 잘못하면 이러한 사랑도 가족 이기주의로 흐를 수가 있습니다. 나 중심, 내 가족 중심으로만 생각하게 되는 것이요. 그러나 주님은 혈연 중심으로 생각하는 것에서 벗어나라고 말씀하고 있습니다. 예수님은 육신의 어머니와 동생보다 하나님의 말씀을 듣고 행하는 사람들이 친부모와 친형제라고 말씀하십니다. 내 가족에게서 눈을 돌려 당신의 사랑이 필요한 사람들을 돌아보십시오. 당신의 사랑이 나누어지는 그 사람이 바로 당신의 형제요 친척입니다.

기도 : 주님, 이 순간 저의 도움이 필요한 사람이 없는지 생각나게 하시고 제가 할 수 있는 구체적인 것으로 그 사람을 도울 수 있도록 사랑의 마음을 주십시오.

오늘의 메모

목요일		금요일		토요일		주일		주계	누계
내용	금액	내용	금액	내용	금액	내용	금액		

믿음으로 애굽을 떠나 왕의 노함을 무서워하지 아니하고 곧 보이지 아니하는 자를 보는 것같이 하여 참았으며. (히 11 : 27)

모세는 보이는 사람보다 보이지 않는 하나님을 두려워하는 사람이었습니다. 성경은 그러한 모세의 태도를 '보이지 아니하는 자를 보는 것같이 하여 참았'다고 표현하고 있습니다. 눈앞에서 엄청난 권력을 휘두르는 자를 두려워하지 않으려면 큰 용기가 필요합니다. 그리고 그 용기는 견고한 신앙에서 나옵니다. 당신을 누구를, 혹은 무엇을 가장 두려워하십니까? 하나님에 대한 믿음이 있는 사람은 당장 내 눈앞에서 권세를 누리고 있는 자를 숭배하지 않습니다. 믿음을 가진 사람은 보이지 않는 하나님을 마치 보는 것처럼 생각하며 그 권위에 복종하는 사람들입니다. 하나님 외에는 그 어떤 것에도 지배당하지 마십시오.

기도 : 하나님, 제가 하나님을 더 두려워함으로 당장 눈에 보이는 그(것)에 대한 두려움에서 벗어나 모세처럼 당당히 설 수 있도록 도와주십시오.

잠언 2 : 10 ~ 12

곧 지혜가 네 마음에 들어가며 지식이 네 영혼을 즐겁게 할 것이요 근신이 너를 지키며 명철이 너를 보호하여 악한 자의 길과 패역을 말하는 자에게서 건져 내리라

1 January

	월요일		화요일		수요일	
	내용	금액	내용	금액	내용	금액
수 입						
수입합계						
식비						
주거관리비						
공 과 비						
생활용품						
의 복 비						
건강미용						
교 육 비						
문화•레저						
축하•경조						
저축•보험						
교통•통신						
기 타						
지출합계						
잔 액						

해물파스타

◀ 재 료

스파게티 450g, 오징어 1마리, 홍합300g, 새우 10마리, 모시조개 6개, 토마토 2개, 토마토소스(양파1개, 마늘 2톨, 토마토페이스트 2큰술, 월계수 잎 1장, 우스터소스 1큰술, 소금 · 후춧가루 약간씩

◀ 만들기

1. 오징어는 껍질을 벗긴 후 둥글게 한입에 먹기 좋을 정도의 크기로 썬다.

2. 조개와 홍합은 소금물에 담가 해감시키고 새우는 소금물에 흔들어 씻는다. 토마토는 열십자로 칼집을 내어 끓는 물에 데친 후 껍질을 벗기고 큼직하게 다진다.

3. 토마토 소스 만들기-양파와 마늘은 다져서 냄비에 버터를 두르고 향이 나도록 볶는다. 여기에 토마토페이스트와 우스터소스, 월계수잎을 넣고 잠시 조린 후 다진 토마토와 준비된 해물류를 넣고 잠시 더 볶은 다음 와인을 넣고 소금, 후춧가루로 간한다.

4. 스파게티는 끓는 물에 15분 정도 삶아 ③의 소스에 버무리고 치즈 가루와 파슬리 가루를 뿌린 후 그릇에 담는다.

우리가 다 하나님의 아들을 믿는 것과 아는 일에 하나가 되어 온전한 사람을 이루어 그리스도의 장성한 분량이 충만한 데까지 이르리니. (엡 4 : 13)

그리스도의 장성한 분량이란 머리카락이 자라듯이 눈에 보이는 것도 아니고, 그 크기를 측량할 도량형이 있는 것도 아닙니다. 그리스도의 장성한 분량까지라는 말은 막연하기도 하지만 불가능한 선이라는 판단이 먼저 듭니다. 하지만 이 말씀이 우리에게 권고하는 것은 그리스도의 장성한 분량에까지 이른 결과가 아니라, 끝까지 그리스도를 향해 나아가는 자세를 가지라는 것입니다. 이것은 그리스도를 아는 것과 믿는 것이 하나가 된 자만이 할 수 있는 일입니다. 내 힘으로는 불가능하다는 것을 알면서도, 예수님께서 나와 함께 어깨를 나란히 하며 가실 것을 알고 또 믿어야 하기 때문입니다.

기도 : 하나님, 저의 지나는 날들이 아무런 성장 없이 정지된 시간들로 흘러가지 않도록 저를 늘 일깨워 주십시오.

오늘의 메모

26

목요일		금요일		토요일		주일			
내용	금액	내용	금액	내용	금액	내용	금액	주계	누계

긍휼을 행하지 아니하는 자에게는 긍휼 없는 심판이 있으리라 긍휼은 심판을 이기고 자랑하느니라.(약 2 : 13)

예수님께서는 산상수훈을 통해 '긍휼히 여기는 자는 복이 있나니 저희가 긍휼히 여김을 받을 것임이요'(마 5:7)라고 말씀하셨습니다. 내가 누군가를 긍휼히 여기면 그 마음이 다른 누군가에 의해 다시 나에게로 돌아올 것입니다. 돌봐줄 사람 없는 병자에게 준 한 그릇의 죽은, 입덧으로 고생하는 나에게 새콤하고 향긋한 봄나물 무침 한 접시가 되어 돌아올지 모릅니다. 긍휼히 여기는 기쁨을 아는 사람만이 긍휼히 여김 받는 축복을 제대로 누릴 수 있습니다. 하나님께서 우리를 긍휼히 여기사 독생자로 우리를 구속하셨듯이 매사에 긍휼함을 가지면 품어 안지 못할 것이 없습니다.

기도 : 하나님, 가장 가까이에 있는 사람들에게 먼저 긍휼의 마음을 베풀게 하시고, 그리하여 심판하고자 하는 마음을 이기고 승리하는 삶을 살 수 있도록 축복해 주십시오.

잠언 3 : 5~8

너는 마음을 다하여 여호와를 신뢰하고 네 명철을 의지하지 말라 너는 범사에 그를 인정하라 그리하면 네 길을 지도하시리라 스스로 지혜롭게 여기지 말지어다 여호와를 경외하며 악을 떠날지어다 이것이 네 몸에 양약이 되어 네 골수를 윤택하게 하리라

1 January

	월요일		화요일		수요일	
	내용	금액	내용	금액	내용	금액
수 입						
수입합계						
식비						
주거관리비						
공 과 비						
생활용품						
의 복 비						
건강미용						
교 육 비						
문화·레저						
축하·경조						
저축·보험						
교통·통신						
기 타						
지출합계						
잔 액						

오이소박이

◀ 재료

오이(조선오이 가는 것)4개, 소금2큰술, 부추100g, 다진파1큰술, 다진마늘1작은술, 생강1/2작은술, 고춧가루1/2컵, 통깨1작은술

◀ 만들기

1. 오이는 통째로 소금으로 문질러서 깨끗이 씻는다.

2. 씻은 오이는 5cm 길이로 토막낸다.

3. 오이의 양끝을 1cm씩 남기고 열십자(十) 또는 세갈래로 칼집을 넣어 소금물에 절인다.

4. 부추는 다듬어 5mm 길이로 썬다.

5. 파의 흰부분, 마늘, 생강을 곱게 다진다.

6. 고춧가루, 소금, 다진파, 다진마늘, 다진생강, 부추, 통깨를 넣어 버무려서 소를 만든다.

7. 절인 오이를 물기에 짜고 칼집 사이에 소를 고루 채워 넣어 준다.

8. 그릇에 완성된 오이 소박이를 담는다.

9. 소를 버무린 그릇에 물을 부어 양념을 씻은 후 소금물을 타서 오이소박이 위에 붓는다. 오이는 연한 소금물에 절여야 간이 골고루 잘들어요.

예수는 지혜와 키가 자라가며 하나님과 사람에게 더욱 사랑스러워 가시더라.(눅 2 : 52)

세상은 부유하며 많이 배워 똑똑한 사람들이 이끌어 가는 것처럼 보입니다. 그러나 오히려 그렇게 엘리트층인 그들이 나라를 망치고 경제를 망치는 경우가 허다한 것을 봅니다. 성경은 부와 지식을 겸비한 사람을 성공한 사람이라고 가르치지 않습니다. 예수님은 가진 것이 많은 것도, 학벌이 출중한 것도 아니었지만 누구보다 부유한 삶을 사셨으며 하나님과 사람들에게 사랑 받았습니다. 이 세상 어떤 권세와 명예와 부를 누리는 것보다 하나님과 사람에게 사랑 받고 사는 것만큼 귀한 것은 없습니다. 아이가 부귀영화를 위해 혼신을 다하여 살기보다는 하나님께 사랑 받는 사람이 되기를 기도하십시오.
기도 : 하나님, 이 아이가 세상의 기준에 맞추어 살기보다는 하나님께 초점을 맞추며 사는 아이가 되길 소원합니다.

오늘의 메모

예산 · 결산

February

이달에 해야 할일

1
2
3
4
5
6
7
8
9
10
11
12
13
14
15
16
17
18
19
20
21
22
23
24
25
26
27
28
29

내용 · 계획	예 산	결 산	비 고
수　입			
저축인출			
차입 (전월잔액)			
수입 합계			

	예 산	결 산	비 고
식비			
부식비			
주거관리비			
공과비			
생활용품			
의복비			
건강미용			
교육비			
문화 · 레저			
축하 · 경조			
저축 · 보험			
교통 · 통신			
기 타			
특별비			
저축 저축성예금			
요구불예금			
차입금 상환			
지출 합계			

현재 남은 돈	

콩 버섯조림

◀ 재료

혼합콩 1컵, 양송이버섯2개, 생표고버섯 2개, 팽이버섯 30g, 다시마 국물 1컵, 설탕 1큰술, 소금 1작은술, 녹말가루 1큰술

◀ 만들기

1. 혼합콩은 다시마 국물을 넣고 삶는다.

2. 양송이버섯, 표고버섯은 작게 썰고, 팽이버섯은 밑동을 잘라내고 2등분한다.

3. 녹말가루에 같은 양의 물을 섞어 물녹말을 만든다.

4. ①에 ②의 재료를 넣고 설탕, 소금으로 간하여 끓이다가 ③의 물녹말을 넣어 걸쭉하게 조려낸다.

＊ Cooking Point

콩을 먼저 조리다가 버섯을 넣고 살짝 조려야 버섯의 모양새와 향을 살릴 수 있다.

		월요일		화요일		수요일	
		내용	금액	내용	금액	내용	금액
수　입							
수입합계							
식비							
주거관리비							
공 과 비							
생활용품							
의 복 비							
건강미용							
교 육 비							
문화•레저							
축하•경조							
저축•보험							
교통•통신							
기 타							
지출합계							
잔　액							

예수께서 대답하여 이르시되 주 너의 하나님을 시험하지 말라 하였느니라.(눅 4 : 12)

사탄은 예수님을 미워하는 자가 아닙니다. 예수님을 시험하는 자입니다. 사탄은 혈기가 왕성한 시절의 예수님을 세상에 대한 가장 근본적인 욕망을 미끼로 시험하려다 실패했습니다. 그러나 이제는 예수님을 믿는 자들 가운데 나타나 '예수님을 시험해 보라'고 유혹합니다. 가끔씩 아기의 건강과 안전한 출산에 대해 두려움을 갖게 하는 것도 예수님을 시험하는 것입니다. 나를 믿고 평안하라는 예수님의 말씀에 의심을 갖게 하는 것이 곧 예수님을 시험하는 것입니다. 의심과 불안이 믿음의 가장 큰 적이라는 것을 사탄은 누구보다 잘 알고 있습니다. 주님의 평안으로 단단히 무장하고 사탄의 올무에 걸려들지 마십시오.

기도 : 하나님, 제가 불안과 의심으로 주님을 시험하지 않게 해 주십시오. 믿음에서 오는 평안을 누리게 해 주십시오.

오늘의 메모		

목요일		금요일		토요일		주일			
내용	금액	내용	금액	내용	금액	내용	금액	주계	누계

마음의 즐거움은 얼굴을 빛나게 하여도 마음의 근심은 심령을 상하게 하느니라.(잠 15 : 13)
우리는 파랑새를 찾아다니는 치르치르와 미치르 남매의 이야기를 잘 알고 있습니다. 남매는 마법사 할머니로부터 파랑새를 찾아달라는 부탁을 받고 여러 곳을 다녔으나 끝내 찾지 못했습니다. 꿈에서 깨어보니 자기네가 기르고 있는 새가 파랗다는 사실을 발견하게 됩니다. 지금 거울을 한번 보십시오. 당신은 어떤 표정을 짓고 있습니까? 걱정 근심으로 어두워져 있진 않습니까? 혹시 불행하다고 생각하진 않으십니까? 행복이라는 파랑새는 멀리 있는 것이 아니라 당신 가까이에 있습니다. 긍정적인 마음으로 세상을 바라보면 일상의 사물들이 새롭게 다가올 것입니다.

기도 : 하나님, 긍정적인 맘으로 세상을 바라보게 하여 주옵소서. 주님이 주신 아름다운 세상을 바라볼 수 있는 눈을 주시길 기도합니다.

잠언 3 : 13~17
지혜를 얻은 자와 명철을 얻은 자는 복이 있나니 이는 지혜를 얻는 것이 은을 얻는 것보다 낫고 그 이익이 정금보다 나음이니라 지혜는 진주보다 귀하니 네가 사모하는 모든 것으로도 이에 비교할 수 없도다 그의 오른손에는 장수가 있고 그의 왼손에는 부귀가 있나니 그 길은 즐거운 길이요 그의 지름길은 다 평강이니라

31

2 February

갈치포조림

◀ 재료

고등어 자반 1마리, 감자 200g, 청고추 1개, 홍고추 1개, 대파 1/3뿌리, 쌀뜨물 1/2컵

양념장: 청주 1큰술, 다진파 2큰술, 다진마늘 1큰술, 고춧가루 1큰술, 참기름 1작은술, 생강즙 1큰술, 후추 약간

◀ 만들기

1. 고등어자반은 쌀뜨물 또는 물에 담갔다가 짠 맛을 약간 없앤 다음 큼직하게 토막낸다.
2. 감자는 껍질을 벗기고 1cm 두께에 반달 모양으로 썬다.
3. 청 · 홍고추, 대파는 링으로 썬다.
4. 다진파, 마늘, 고춧가루, 생강즙, 후추, 청주, 참기름을 섞어 양념장을 만든다.
5. 냄비에 ②에 감자를 깔고 ①의 자반을 놓은 뒤 ④의 양념장을 끼얹고 쌀뜨물(물)을 부은 다음 뚜껑을 닫아 찜한다.
6. 그릇에 보기 좋게 담아 낸다.

	월요일		화요일		수요일	
	내용	금액	내용	금액	내용	금액
수 입						
수입합계						
식비						
주거관리비						
공 과 비						
생활용품						
의 복 비						
건강미용						
교 육 비						
문화 • 레저						
축하 • 경조						
저축 • 보험						
교통 • 통신						
기 타						
지출합계						
잔 액						

그러나 더욱 큰 은혜를 주시나니 그러므로 일렀으되 하나님이 교만한 자를 물리치시고 겸손한 자에게 은혜를 주신다 하였느니라. (약 4 : 6)

사막에서 조용히 수도하며 사는 한 사람이 있었습니다. 그에게는 특별한 점이라고는 없었습니다. 그런데 어느 날 어둠의 장막이 내린 으슥한 시간에 누군가가 그의 오두막으로 들어왔습니다. 눈을 들어 보니 사탄이었습니다. 잠시 그를 쏘아보던 사탄이 쉰 목소리로 말했습니다. "나는 너 때문에 정말 못살겠다. 나는 네가 할 수 있는 건 모두 할 수 있지. 네가 찬송하면 나도 찬송하고, 네가 성경을 읽으면 나도 읽고, 네가 기도하면 나도 기도하고…. 그런데 도저히 내가 너를 따라할 수 없는 것이 있다. 바로 겸손이다. 네가 겸손하면 나는 정말 어찌해야 할지 모르겠다.

기도 : 하나님, 제 마음에 사탄을 굴복시킬 수 있는 가식 없는 겸손이 자랄 수 있도록 저를 지켜 주십시오.

오늘의 메모

	목요일		금요일		토요일		주일			
내용	금액	내용	금액	내용	금액	내용	금액	주계	누계

네 부모를 즐겁게 하며 너를 낳은 어미를 기쁘게 하라.(잠 23:25)

한 청년이 사랑에 빠졌습니다. 그런데 청년이 사랑에 빠진 여인은 아름답기는 해도 아주 표독스럽고 잔인한 취미가 있는 여자였습니다. 여인은 청년에게 "나를 사랑한다면 그 증거로 당신 어머니의 심장을 가져다주세요."라고 말했습니다. 사랑에 눈이 멀어버린 청년은 망설이긴 했지만 결국 어머니의 심장을 얻어낼 수 있었습니다. 그는 심장을 가지고 자기가 사랑하는 여인을 만나기 위해 달려갔습니다. 그런데 달려가다가 돌부리에 걸려 넘어지고 말았습니다. 심장이 그의 손에서 빠져나와 데굴데굴 굴러갔습니다. 그렇게 굴러가면서 어머니의 심장은 말했습니다. "얘야, 어디 다치지는 않았니?" 이게 바로 어머니의 사랑입니다. 이젠 부모님을 돌아보십시오. 그분들이 당신을 얼마나 사랑하셨는지를요. 비록 표현하지 못했어도 잘해주지 못했어도 말입니다.

기도 : 하나님, 저희 부모님의 건강을 지켜주십시오. 그리고 제가 부모님에게 기쁨의 자식이 되게 인도해 주십시오.

잠언 3 : 18 ~ 20

지혜는 그 얻은 자에게 생명 나무라 지혜를 가진 자는 복되도다 여호와께서는 지혜로 땅에 터를 놓으셨으며 명철로 하늘을 견고히 세우셨고 그의 지식으로 깊은 바다를 갈라지게 하셨으며 공중에서 이슬이 내리게 하셨느니라

2 February

	월요일		화요일		수요일	
	내용	금액	내용	금액	내용	금액
수 입						
수입합계						
식비						
주거관리비						
공 과 비						
생활용품						
의 복 비						
건강미용						
교 육 비						
문화·레저						
축하·경조						
저축·보험						
교통·통신						
기 타						
지출합계						
잔 액						

고등어자반찜

◀ 재료

갈치포 3마리, 마늘 3쪽, 꽈리고추 10개, 간장 3큰술, 고춧가루 1큰술, 맛술 2큰술, 물엿 2큰술, 물 3/4컵

◀ 만들기

1. 갈치포는 3~4개로 토막 낸 후 물에 씻어 물기를 뺀다.

2. 마늘은 납작하게 썰고 꽈리고추는 꼭지를 뗀다.

3. 냄비에 간장·고춧가루·맛술·물엿을 넣고 끓이다가 ①,②의 재료를 넣어 국물을 끼얹어가며 윤기나게 조려 낸다.

또 기도할 때에 이방인과 같이 중언부언하지 말라 그들은 말을 많이 하여야 들으실 줄 생각하느니라. (마 6:7)

우리는 하나님과의 관계에서 종종 이런 잘못을 저지릅니다. 우리는 하나님의 뜻대로 되기를 원한다고 말하면서도 정작 실생활에서는 우리의 기준으로 생각하고 우리의 뜻대로 되기를 원합니다. 우리의 고백은 공허한 것이 될 때가 많습니다. 그렇게 생각하지도 않으면서 입으로만 그렇게 고백하였기 때문입니다. 결국 하나님께 마음에도 없는 '인사치례용 거짓말'을 한 셈이 됩니다. 형식적인 기도는 하나님과 우리 사이를 갉아먹는 좀과 같습니다. 하나님께 당신의 바라는 바를 정직하게 구하고 또한 하나님의 뜻에 겸손히 따르십시오. 하나님께서는 당신의 거창한 기도를 원하시는 것이 아니라 당신과의 친밀한 의사소통을 원하십니다.

기도 : 아버지, 저의 기도가 마음 속 깊숙한 곳에 있는 생각을 하나님께 아뢰고 하나님의 뜻에 겸손히 따르게 하는 통로가 되기 원합니다.

오늘의 메모		

목요일		금요일		토요일		주일			
내용	금액	내용	금액	내용	금액	내용	금액	주계	누계

보라 하나님은 나의 구원이시라 내가 신뢰하고 두려움이 없으리니 주 여호와는 나의 힘이시며 나의 노래시며 나의 구원이심이라. (사 12 : 2)

우리는 하나님께서 만드신 '세상'이라는 태 안에 있는 사람들입니다. 하나님께서는 우리의 삶에 필요한 모든 것들을 적절히 공급하시고 우리를 하나님의 자녀로 성장시키십니다. 우리는 하나님을 신뢰함으로써 완벽한 평화를 맛볼 수 있습니다. 그러나 두려움은 우리의 신앙 생활에 커다란 걸림돌이 됩니다. 두려움은 우리의 발목을 잡아 앞으로 나아가는 것을 방해합니다. 본문은 우리에게 하나님을 의뢰하는 것이 두려움을 없애는 방법임을 알려줍니다. 당신의 태아가 당신을 신뢰하는 것처럼 당신 역시 아버지 하나님을 전적으로 신뢰하십시오.

기도 : 아버지, 때때로 밀려오는 두려움에서 해방되기를 원합니다. 제가 약할수록 제 안에 더욱 강하게 임재 하시옵소서.

잠언 13 : 14 ~ 16
지혜 있는 자의 교훈은 생명의 샘이니 사망의 그물에서 벗어나게 하느니라 선한 지혜는 은혜를 베푸나 사악한 자의 길은 험하니라 무릇 슬기로운 자는 지식으로 행하거니와 미련한 자는 자기의 미련한 것을 나타내느니라

2 February

	월요일		화요일		수요일	
	내용	금액	내용	금액	내용	금액
수 입						
수입합계						
식비						
주거관리비						
공 과 비						
생활용품						
의 복 비						
건강미용						
교 육 비						
문화·레저						
축하·경조						
저축·보험						
교통·통신						
기 타						
지출합계						
잔 액						

북어탕

◀ 재료

북어 1마리, 두부 ½모, 달걀 1개, 대파 1뿌리, 마늘 2쪽, 참기름 1TS, 후추, 소금

◀ 만들기

1. 북어는 머리를 떼고 물에 불려 부드러워지면 방망이로 자근자근 두드려 포를 떠서 뼈를 발라낸 후 먹기 좋게 썰어 놓는다.

2. 북어 머리는 깨끗이 씻어 물을 붓고 푹 끓여서 북어 육수를 만들어 맑게 걸러 놓는다.

3. 대파는 어슷하게 썰어 놓고, 두부는 먹기 좋은 크기로 썰고, 마늘은 다져 놓는다.

4. 냄비에 참기름을 두르고 마늘을 볶다가 ①의 북어를 넣어 다시 볶은 후 ②의 육수를 부어 끓여 낸다.

5. 한소끔 끓으면 두부·대파를 넣어 소금으로 간을 하고 후추로 양념한 다음 달걀을 풀어 준다.

* 붉은 고추를 어슷하게 썰어 4의 재료를 볶을 때 같이 넣고 볶아 끓이게 되면 더욱 칼칼하면서 시원한 맛을 준다.

...하늘을 창조하신 이 그는 하나님이시니 그가 땅을 지으시고 그것을 만드셨으며 그것을 견고하게 하시되... 사람이 거주하게 그것을 지으셨으니... (사 45:18)

하룻동안 내가 내버리는 쓰레기가 얼마나 되는지 생각해 보신 일이 있습니까? 우리는 끊임없이 쓰레기를 만들며 살아가고 있습니다. 하나님께서 만든 세상이 우리가 만든 쓰레기로 가득 차게 될 지경입니다. 우리는 '손쉽다', '남들도 다 그렇게 한다'는 핑계를 대면서 미래에 이 땅에서 살아가게 될 아이들에게 커다란 잘못을 저지르고 있습니다. 성경은 하나님께서 이 땅을 헛되이 창조치 않으셨으며, 사람에게 파괴하도록 하신 것이 아니라 "거하도록" 하셨다고 말합니다. 일회용품을 사용하지 않거나 쓰레기 분리수거를 하는 일 등의 작은 실천은 이 세상에 거하게 하신 하나님을 경외하는 것이며, 우리아이들을 위해 해야 할 마땅한 도리입니다.

기도 : 천지를 창조하신 하나님, 주님을 경외함이 생활 속의 작은 실천으로부터 출발함을 잊지 않게 하옵소서.

오늘의 메모

목요일		금요일		토요일		주일			
내용	금액	내용	금액	내용	금액	내용	금액	주계	누계

여호와의 친밀함이 그를 경외하는 자들에게 있음이여…. (시 25 : 14)

민감함이란 사람들의 삶의 이면에 숨어 있는 실체들을 보고 듣고 느끼며, 그에 따라 적절한 행동이나 반응을 결정할 수 있는 능력을 말합니다. 많은 사람들이 예수님을 만나고 그의 능력을 목격했지만 그들이 모두 그를 민감하게 느끼고 즉각적으로 반응한 것은 아닙니다. 진정으로 예수님과 만난 사람들은 모두 그의 참모습을 민감하게 알아차린 사람들이었습니다. 민감함은 친밀함 가운데서 나옵니다. 늘 그를 주시하는 자만이 느낄 수 있는 것입니다. 언제나 하나님과 친밀함을 유지하고 민감하게 반응하십시오. 주께서 당신을 끝까지 인도하실 것입니다. 아기가 당신의 움직임과 변화에 민감하게 반응하듯이 말입니다.

기도 : 하나님, 제가 주님을 경외함이 두려움이 아니라 친밀함이기 원합니다. 그리하여 주께 민감하게 반응하며 살게 해주세요.

잠언 4 : 5～9

지혜를 얻으며 명철을 얻으라 내 입의 말을 잊지 말며 어기지 말라 지혜를 버리지 말라 그가 너를 보호하리라 그를 사랑하라 그가 너를 지키리라 지혜가 제일이니 지혜를 얻으라 네가 얻은 모든 것을 가지고 명철을 얻을지니라 그를 높이라 그리하면 그가 너를 높이 들리라 만일 그를 품으면 그가 너를 영화롭게 하리라 그가 아름다운 관을 네 머리에 두겠고 영화로운 면류관을 네게 주리라 하셨느니라

온면

◀ 재료

국수 600g, 다진 고기 150g, 호박 ½개, 실고추, 석이버섯, 소금

양념장 : 깨소금 1TS, 다진 마늘 1TS, 다진 파 2TS, 간장, 참기름

◀ 만들기

1. 국수를 끓는 물에 삶아서 찬물에 헹구어 놓는다.

2. 호박은 채 썰고 소금에 살짝 절였다가 물기를 빼고 기름에 볶아 참기름 · 통깨 · 실고추를 넣어 양념해 놓는다.

3. 육수를 끓인 고기는 건져서 다져 양념장에 무친 다음 냄비에 기름을 두르고 볶아 놓는다.

4. 달걀은 소금을 넣고 풀어 팬을 뜨겁게 달군 후 지단을 부쳐서 곱게 채 썰어 놓는나.

5. 육수 국물을 끓이다가 다진 마늘을 넣고 간장 · 소금으로 간을 맞춘다.

6. 간장에 깨소금 · 다진 마늘 · 다진 파 · 참기름을 섞어 양념장을 만들어 놓는다.

7. 그릇에 국수를 담고, 뜨거운 육수를 붓고 호박나물, 고기, 지단, 실고추, 석이버섯 등을 얹는다.

	월요일		화요일		수요일	
	내용	금액	내용	금액	내용	금액
수 입						
수입합계						
식비						
주거관리비						
공 과 비						
생활용품						
의 복 비						
건강미용						
교 육 비						
문화 • 레저						
축하 • 경조						
저축 • 보험						
교통 • 통신						
기 타						
지출합계						
잔 액						

…너희 원수를 사랑하며 너희를 박해하는 자를 위하여 기도하라.(마 5 : 44)

사랑 받을 만한 이유가 전혀 없는 사람을 무조건 사랑하는 일은 결코 쉬운 일이 아닙니다. 그런데 성경은 한 걸음 더 나아가 우리에게 원수를 사랑하고 너를 박해하는 사람을 위하여 기도하라고 말씀하십니다,. 뱃속에 있는 한 생명은 엄마에게 사랑 받을 만한 어떤 행동도 한 적이 없습니다. 하지만 엄마는 태아를 향한 지극한 사랑을 느끼고 감격합니다. 이것은 놀라운 신비입니다. 사랑 받을 만한 이유가 없는 사람을 아무런 조건 없이 사랑할 수 있는 힘을 하나님께서 우리에게 주신 것입니다. 하나님께서는 내 영혼을 아무런 조건 없이 사랑하셨습니다. 내가 가진 이 신비한 사랑은 하나님께로부터 온 것입니다.우리 안에 있는 하나님의 사랑이 더 커 갈 수 있도록 마음을 닦아야 하겠습니다.

기도 : 아버지, 제 안에 아버지의 사랑을 주심을 감사드립니다. 그 사랑으로 저에게 상처입힌 사람들을 용서하게 해 주십시오.

오늘의 메모

목요일		금요일		토요일		주일			
내용	금액	내용	금액	내용	금액	내용	금액	주계	누계

내가 주를 찬양할 때에 나의 입술이 기뻐 외치며 주께서 속량하신 내 영혼이 즐거워하리이다.(시 71 : 23)

찬양에는 마음을 밝히는 능력이 있습니다. 다윗의 음악은 악신으로 인하여 번뇌하고 있는 사울을 진정시키는 능력을 지니고 있었습니다. 또한 옥에 갇힌 바울과 실라가 큰 소리로 찬미할 때 옥문이 열리는 기적이 일어났습니다. 무기력하거나 기분이 저하될 때 당신이 좋아하는 찬양을 흥얼거리거나 큰 소리로 불러 보십시오. 의지를 가지고 찬송하는 일은 당신이 감기에 걸렸을 때 감기약을 먹겠다고 결심하는 일과 흡사합니다. 당신이 부르는 찬송을 하나님께서는 들으십니다. 우울함이 당신을 지배하지 못하도록 열심히 찬양하십시오. 즐거움과 평강이 넘치는 삶을 선택하고 우울함의 터널을 빠져 나오십시오.
기도 : 아버지, 어두움이 저를 지배하지 못하게 하시고 언제 어디서든 주님 앞에서 기쁨으로 노래하며 주님을 찬양하게 하옵소서.

잠언 4 : 10 ~ 13
내 아들아 들으라 내 말을 받으라 그리하면 네 생명의 해가 길리라 내가 지혜로운 길을 네게 가르쳤으며 정직한 길로 너를 인도하였은즉 다닐 때에 네 걸음이 곤고하지 아니하겠고 달려갈 때에 실족하지 아니하리라 훈계를 굳게 잡아 놓치지 말고 지키라 이것이 네 생명이니라

2 February

닭 야채전골

◀ 재료

닭 1마리, 감자 1개, 생표고버섯 3장, 양파 1개, 대파 2뿌리, 미나리 80g, 국수 150g, 생강 1톨, 소금 약간, 고춧가루 4큰술, 양파즙 2큰술, 들깨가루 3큰술, 마늘 2큰술, 닭 육수 약간, 국간장 약간, 후춧가루 약간

◀ 만들기

1. 닭은 기름기가 많은 꽁지 부분은 잘라내고 잔털을 뽑은 후 깨끗이 씻어 적당한 크기로 토막 낸다.
2. 토막낸 닭은 저민 생강과 함께 끓는 물에 넣어 폭 삶는다. 국물은 체에 밭쳐 육수로 준비해 둔다.
3. 감자는 도톰하게 썰고 미나리는 7~8cm 길이로 썬 다음 소금물에 담가 지저분한 것들을 제거한다.
4. 표고버섯은 기둥을 잘라낸 다음 굵게 채썰고, 양파와 대파는 길쭉하게 썰어놓는다.
5. 국수는 끓는 물에 삶아 찬물에 헹군다. 전골에 넣어 다시 끓여 먹기 때문에 실짝 삶아 건지면 된다.
6. 고춧가루 양념장은 양파즙, 들깨가루, 마늘, 국간장, 후춧가루를 넣고 닭 육수를 조금만 부어 촉촉한 양념장을 만든다.
7. 냄비에 삶은 닭과 야채, 양념을 넣어 끓인다. 냄비에 폭 삶은 닭과 도톰하게 썬 감자, 닭 육수를 부어 끓이다가 양념을 풀어 넣고 한소끔 끓으면 굵게 썬 양파, 대파, 미나리, 표고버섯을 넣는다.
8. 전골이 끓으면 삶은 국수를 넣는다. 끓이다가 마지막에 소금으로 간을 맞춘다.

	월요일		화요일		수요일	
	내용	금액	내용	금액	내용	금액
수　입						
수입합계						
식비						
주거관리비						
공 과 비						
생활용품						
의 복 비						
건강미용						
교 육 비						
문화·레저						
축하·경조						
저축·보험						
교통·통신						
기 타						
지출합계						
잔　액						

근심하는 자 같으나 항상 기뻐하고 가난한 자 같으나 많은 사람을 부요하게 하고 아무것도 없는 자 같으나 모든 것을 가진 자로다. (고후 6 : 10)

어느 재벌가의 아들이 예수님을 영접했습니다. 그의 아버지는 만일 신앙을 버리지 않으면 재산을 물려받을 생각을 하지 말라고 못을 박았습니다. 그러나 그는 말했습니다. "아버지는 내가 주님으로부터 얼마나 풍성한 유산을 많이 물려받았는지 알지 못합니다." 그는 기꺼이 물질적 유산보다 주님의 부요를 택했습니다. 이것은 주님의 부요를 아는 사람이 아니라, 경험한 사람만이 할 수 있는 선택입니다. 우리가 살고 있는 세상은 재물의 지배를 받고 있기 때문입니다. 하지만 진정 거듭난 그리스도인이라면 그럼에도 불구하고 주님의 부요를 선택해야 합니다. 성경은 사람이 두 주인을 섬길 수 없다고 분명히 말씀하고 있기 때문입니다.

기도 : 하나님, 제 마음을 진정한 주님의 부요로 채워주십시오. 그래서 세상이 권하는 유혹을 물리칠 수 있도록 인도해 주십시오.

오늘의 메모

3
March

예산 · 결산

내용 · 계획	예 산	결 산	비 고
수 입			
저축인출			
차입 (전월잔액)			
수입 합계			

	예 산	결 산	비 고
식비			
부식비			
주거관리비			
공과비			
생활용품			
의복비			
건강미용			
교육비			
문화 · 레저			
축하 · 경조			
저축 · 보험			
교통 · 통신			
기 타			
특별비			
저축 저축성예금			
요구불예금			
차입금 상환			
지출 합계			

현재 남은 돈	

1	
2	
3	
4	
5	
6	
7	
8	
9	
10	
11	
12	
13	
14	
15	
16	
17	
18	
19	
20	
21	
22	
23	
24	
25	
26	
27	
28	
29	
30	
31	

MEMO

3 March

호박선

◀ 재료

애호박 1/2개, 쇠고기 30g, 표고 15g, 당근 10g, 달걀 1/2개, 실고추, 잣, 석이, 소금 10g, 간장 3㎖, 참기름 5㎖, 깨소금, 후추가루, 겨자집 15㎖, 파 5g, 초장 15㎖, 마늘 3g

◀ 만들기

1. 가는 호박은 열십자로 칼집을 넣고 굵은 호박은 반으로 쪼개어 어슷하게 길이 4cm로 썰어 3중의 칼집을 넣어 쓴다. 끓는 소금물에 숨이 죽을 정도로 데치거나 절여서 물기를 뺀다.
2. 쇠고기는 채썰어 양념하고 표고도 곱게 채 썰어 양념하고 석이도 손질하여 채 썬다.
3. 당근도 곱게 채썰어 살짝 데친 다음 물기를 짠다.
4. 쇠고기는 표고와 당근을 섞어서 양념 후 호박 칼집 사이사이에 끼워 넣는다.
5. 냄비에 간을 맞춘 육수를 호박이 반정도 잠길 만큼 부어 국물이 조금 남을 정도로 끓인다.
6. 호박선을 그릇에 담고 위에 황백지단을 부쳐 채 썬 것과 석이채, 잣, 실고추를 고명으로 얹는다.
7. 초장과 겨자집을 곁들여 낸다.

	월요일		화요일		수요일	
	내용	금액	내용	금액	내용	금액
수 입						
수입합계						
식비						
주거관리비						
공 과 비						
생활용품						
의 복 비						
건강미용						
교 육 비						
문화·레저						
축하·경조						
저축·보험						
교통·통신						
기 타						
지출합계						
잔 액						

좁은 문으로 들어가라 멸망으로 인도하는 문은 크고 그 길이 넓어 그리고 들어가는 자가 많고. (마 7 : 13)

월급이 적은 쪽을 택하라. 승진의 기회가 거의 없는 곳을 택하라. 황무지를 택하라. 아무도 가지 않는 곳으로 가라. 사회적 존경 같은 것을 바라볼 수 없는 곳으로 가라. 한가운데가 아니라 가장자리로 가라. 이것은 경남 거창 고등학교의 직업선택 원칙입니다. 이것들은 세상에서 요구하고 사람들이 바라는 원칙들과 너무나 달라 보입니다. 내 아이에게 이렇게 권하고 싶은 생각이 전혀 없을지도 모릅니다. 하지만 그럼에도 불구하고 이 원칙들은 '좁은 문으로 들어가라', '낮은 데 처하라'는 성경 말씀을 닮아 있습니다. 우리는 하나님의 말씀들을 아주 추상적으로 이해하고 마음에 위안이 되는 말씀만 기억하려 합니다. 하지만 하나님의 말씀은 삶으로 이루어야 하는 명령입니다.

기도 : 주님의 말씀에 억지로가 기꺼이 "예"라고 말할 수 있을 때까지 저를 양육해 주십시오.

오늘의 메모

목요일		금요일		토요일		주일			
내용	금액	내용	금액	내용	금액	내용	금액	주계	누계

내가 주릴 때에 너희가 먹을 것을 주었고 목마를 때에 마시게 하였고 나그네 되었을 때에 영접하였고.(마 25 : 35)

세상 모든 아이들은 하나님 나라 확장에 대한 꿈과 소망을 가지고 태어납니다. 그런데 도처에서 영양 과잉과 비만을 걱정하는 이 시대에도 점심을 굶는 아이들이 있습니다. 한참 자랄 나이에 세 끼 밥조차 제대로 먹을 수 없는 이 아이들은, 해마다 수천 억에 이르는 음식 쓰레기를 양산해 내는 우리 사회의 그늘을 보여줍니다. 이 사회에 그늘이 존재한다는 것보다 중요한 것은 예수님이 그늘진 곳에 더 깊은 애정을 보이신다는 것입니다. 주님께서는 우리에게 준 것을 그들과 나누라고 하셨고, 그것이 곧 "나와 나눈 것"이라고 하셨습니다. 이것이 가난한 자들이 항상 우리와 함께 있는 이유입니다.

기도 : 하나님, 어른들의 욕심 때문에 아이들이 굶지 않도록 해 주십시오. 먼저 제 것을 나눌 수 있는 믿음을 주십시오.

잠언 12 : 14~16
너는 미련한 자의 앞을 떠나라 그 입술에 지식 있음을 보지 못함이니라 슬기로운 자의 지혜는 자기의 길을 아는 것이라도 미련한 자의 어리석음은 속이는 것이니라 미련한 자는 죄를 심상히 여겨도 정직한 자 중에는 은혜가 있느니라

3 March

닭찜

◀ 재료

닭 2Kg, 감자 100g, 당근 100g, 양파 3개(中), 대파 1/2뿌리, 달걀 1개, 간장 3/4컵, 설탕 4큰술, 다진파 3큰술, 다진마늘 3큰술, 생강즙 2큰술, 청주 3큰술, 깨소금, 후추, 참기름

◀ 만들기

1. 닭은 깨끗이 손질하여 씻어서 5cm 정도로 네모지게 토막 낸다.
2. 감자는 껍질을 벗겨서 밤알 정도의 크기로 썰어 모서리를 다듬는다.
3. 당근도 깨끗이 씻어서 감자와 같이 썬다.
4. 양파는 채로 6~8등분 한다. 대파도 3cm로 썬다.
5. 간장에 설탕, 다진파, 마늘, 생강즙, 깨소금, 후추, 참기름을 넣어 양념장을 만든다.
6. 남비에 토막낸 닭을 넣고 물은 자작하게 부어서 익히다 거품을 걷고 양념장을 반정도 넣어서 끓인다.
7. 닭이 반쯤 익었을 때 감자, 당근, 양파, 대파를 넣고 익히면서 나머지 양념장을 더 부어 천천히 중불에서 윤기나게 익힌다.
8. 닭찜이 완성되면 찜그릇에 보기 좋게 담고 그 위에 달걀지단을 고명으로 얹는다.

	월요일		화요일		수요일	
	내용	금액	내용	금액	내용	금액
수 입						
수입합계						
식비						
주거관리비						
공 과 비						
생활용품						
의 복 비						
건강미용						
교 육 비						
문화 · 레저						
축하 · 경조						
저축 · 보험						
교통 · 통신						
기 타						
지출합계						
잔 액						

대답하되 주여 없나이다. 예수께서 이르시되 나도 너를 정죄하지 아니하노니 가서 다시는 죄를 범치 말라 하시니라. (요 8 : 11)

우리는 모든 일에 율법보다 복음이 우선함을 잘 알고 있습니다. 바리새인들은 율법을 지키는 문제로 예수님을 시험하고자 했습니다. 하지만 그분은 언제나 인간의 근원적인 문제 해결에 초점을 맞추셨습니다. 사람이 율법을 위해 있는 것이 아니라, 율법이 사람을 위해서 있기 때문입니다. 복음은 나와 형제를 판단하고 단죄하는 기준이 아닙니다. 복음은 사람을 변화시키고 자유롭게 하는 힘입니다. 간음한 여인에게 돌을 던지는 것이 아니라 '다시는 죄 짓지 말라'며 새 삶을 열어 주는 것이 복음입니다. 복음을 내 자신과 형제들을 빛으로 인도하는 등불로 사용하십시오.

기도 : 주님께서 선포하신 복음을 형제를 사랑하고 용서하는 데 적용할 수 있도록 인도해 주십시오. 제가 복음을 또 하나의 율법으로 사용하지 않도록 지켜 주십시오.

오늘의 메모

목요일		금요일		토요일		주일			
내용	금액	내용	금액	내용	금액	내용	금액	주계	누계

형제 사랑에 관하여는 너희에게 쓸 것이 없음은 너희들 자신이 하나님의 가르치심을 받아 서로 사랑함이라. (살전 4 : 9)

노트를 펴서 당신 주위의 사람들을 적어보십시오. 동역자인 남편과 가족들, 친구들, 선배와 후배들…. 그런 다음에 그 사람들의 이름 옆에 고마운 점을 한두 가지씩 적어보십시오. 마음도 넉넉히 하고 메모하는 공간도 넉넉히 하십시오. 이들은 모두 감사 제목들입니다. 사랑하고 감사하는 마음은 행복을 가져다줍니다. 존 헨리는 "감사는 최고의 항암제요 해독제요 방부제"라고 말했습니다. 당신을 지키시는 하나님께 감사하는 마음, 그리고 당신을 사랑하는 주위 사람들에게 감사하는 마음을 가지고 그것을 표현한다면 당신의 생활은 꽃이 핀 듯 향기로 가득 찰 것입니다.

기도 : 아버지, 제게 믿음의 형제들을 주심을 감사드립니다. 그 사랑을 잘 가꾸어 나가도록 도와주십시오.

잠언 7 : 1~5

내 아들아 내 말을 지키며 내 계명을 간직하라 내 계명을 지켜 살며 내 법을 네 눈동자처럼 지키라 이것을 네 손가락에 매며 이것을 네 마음판에 새기라 지혜에게 너는 내 누이라 하며 명철에게 너는 내 친족이라 하라 그리하면 이것이 너를 지켜서 음녀에게, 말로 호리는 이방 여인에게 빠지지 않게 하리라

3 March

가지볶음

◀ 재료

가지 2개, 풋고추 2개, 홍고추 2개, 양파 1개, 쇠고기 50g, 꽃상추, 간장 2큰술, 파 2큰술, 마늘 1큰술, 깨소금, 참기름, 식용유

◀ 만들기

1. 가지는 꼭지를 떼고 4~5cm 길이로 납작하게 썬 후 소금물에 담가 건진다.

2. 청·홍고추는 배를 갈라 씨를 빼고 어슷하게 썬다.

3. 양파도 같은 크기로 썬다.

4. 쇠고기는 곱게 다진 후 간장, 파, 마늘, 설탕, 후추, 깨소금, 참기름으로 양념한다.

5. 후라이팬에 ④의 고기를 볶다가 식용유를 여유 있게 넣고 ①의 가지를 볶으면서 간장, 파, 마늘, ②, ③의 재료를 넣어 볶는다.

6. ⑤의 가지볶음에 깨소금, 참기름을 섞어 꽃상추를 깔고 담아 낸다.

	월요일		화요일		수요일	
	내용	금액	내용	금액	내용	금액
수 입						
수입합계						
식비						
주거관리비						
공 과 비						
생활용품						
의 복 비						
건강미용						
교 육 비						
문화·레저						
축하·경조						
저축·보험						
교통·통신						
기 타						
지출합계						
잔 액						

형제를 사랑하여 서로 우애하고 존경하기를 서로 먼저 하며.(롬 12:10)

우리는 기쁨, 슬픔, 분노 등 우리의 감정을 드러내는 일에는 익숙하지만 우리 안에 있는 사랑을 표현하는 데에는 서툽니다. 사랑하면서도 그 사랑을 표현하지 않는 이유가 무엇일까요? 우리는 사랑을 표현하는데 두려움을 느낍니다. 내가 표현한 사랑이 거부당할까 두려워하기도 하고, 또 내가 준 사랑만큼 돌려 받지 못할까 봐 두려워합니다. 그러나 사랑을 거부하는 일이 부끄러운 일이지 사랑하는 일이 부끄러운 일은 아닙니다. 그렇게 많은 거부를 당하셨으면서도 쉬지 않고 사랑하시며, 내가 드리는 사랑과는 비교할 수 없을 정도로 큰 사랑을 부어주시는 아버지를 생각하십시오. 지금 당장 남편이나 가족이나 친구를 위해 사랑의 전화를 걸어 보십시오.

기도 : 아버지, 제가 사람을 사랑하는 데 담대하게 해 주십시오. 두려움 없는 사랑으로 주님의 빛을 드러내기 원합니다.

오늘의 메모

목요일		금요일		토요일		주일		주계	누계
내용	금액	내용	금액	내용	금액	내용	금액		

모든 지킬 만한 것 중에 더욱 네 마음을 지키라 생명의 근원이 이에서 남이니라. (잠 4 : 23)

우리는 날마다 각종 광고의 부추김과 현혹 속에 살아갑니다. 그들은 은근한 목소리로 우리에게 "이걸 하면 남들보다 앞설 수 있을 거야"라고 권하거나 호들갑스러운 목소리로 "아니, 아직도 이걸 안 하고 있으니 너는 분명히 남들보다 뒤떨어질 거야"라고 말합니다. 거대하게 밀려오는 상업 광고의 물결에 휩쓸리지 않고 우리에게 필요한 것을 가려낼 수 있는 길은 무엇일까요? 본문은 우리에게 무엇보다 "마음을 지키라"고 권고합니다. 냄비와 같이 들끓는 광고들로 인해 불안해질 때 그것을 당신의 마음에 비추어 보십시오. 당신이 하나님 안에 굳게 서 있다면 하나님이 주신 지혜로 그것을 가려낼 수 있을 것입니다.

기도 : 아버지, 저에게 사물을 보는 분별력을 주시고 상업적인 유혹들에 마음을 빼앗기지 않는 현명함을 갖게 하십시오.

잠언 16 : 18 ~ 19

교만은 패망의 선봉이요 거만한 마음은 넘어짐의 앞잡이니라 겸손한 자와 함께 하여 마음을 낮추는 것이 교만한 자와 함께 하여 탈취물을 나누는 것보다 나으니라

3 March

	월요일		화요일		수요일	
	내용	금액	내용	금액	내용	금액
수 입						
수입합계						
식비						
주거관리비						
공 과 비						
생활용품						
의 복 비						
건강미용						
교 육 비						
문화 · 레저						
축하 · 경조						
저축 · 보험						
교통 · 통신						
기 타						
지출합계						
잔 액						

삼선자장면

◀ 재 료
삶은 생중면 3인분, 양파 1/2개, 오이 1/3개, 오징어1/2마리, 새우 4마리, 애호박 1/4개, 감자2개, 저며 썬 마늘 2쪽, 다진 생강 1작은술, 육수1컵 반, 식용유 적당량, 춘장 3큰술, 대파채 약간, 설탕 1큰술, 간장 약간, 소금 · 훗춧가루 약간, 청주 1큰술, 녹말물 · 참기름 약간

◀ 만들기
1. 오이를 깨끗하게 씻어 어슷하게 저며 썰어 0.2cm굵기로 채썬다.
2. 오징어는 껍질을 벗겨 안쪽에 사선으로 칼집을 넣은 다음 2.5cm 사각으로 썰어 끊는 물에 데친다.
3. 새우는 껍질을 벗긴 잔새우로 준비하고 애호박, 감자, 양파는 1.5 cm굵기로 썬다.
4. 오목한 팬에 저며 썬 마늘과 다진 생강을 넣고 볶다가 양파, 감자, 오징어, 새우, 애호박의 순서로 넣고 볶는다.
5. 팬에 식용유를 두르고 춘장을 넣어 충분히 볶는다. 분량의 청주와 간장을 넣고 더 볶다가 육수를 넣고 풀어 자장소스를 만든다.
6. ⑤의 소스에 설탕을 넣고 녹말물을 약간씩 넣어 농도를 맞춘 다음 ④의 볶음을 넣고 볶아 간을 맞추고 참기름을 둘러 자장소스를 완성한다.
7. 따뜻한 그릇에 삶은 생중면을 담고 ⑥의 자장소스를 끼얹은 다음 대파채와 오이채를 올린다.

온갖 노력과 성취는 바로 사람끼리 갖는 경쟁심에서 비롯되는 것임을 나는 깨달았다. 그러나 이 수고도 헛되고, 바람을 잡으려는 것과 같다. (전 4 : 4, 표준새번역)

성경은 우리에게 다른 사람보다 더 나은 삶을 살겠다고 하는 모든 수고와 노력들이 바람을 잡으려는 것처럼 헛된 것이라고 말합니다. 행복하게 살고 싶다는 욕망과 행복해지기 위한 선한 노력은 죄가 아니지만 그것이 "다른 사람보다 많이 갖고 싶다"는 것이라면 바람직하다고 할 수 있을까요? 아이가 어떤 삶을 살기 원하십니까? 다른 사람보다 우월한 삶입니까? 하나님 안에서 다른 사람들과 함께 행복해지는 삶입니까? 진정 부요하고 승리하는 삶은 그리스도 안에 있음을 잊지 마십시오.

기도 : 하나님, 저는 영원한 삶을 소유한 사람답게 살고 싶습니다. 내 안에 있는 이기심을 버리고 그리스도를 닮은 삶을 살도록 도우소서.

오늘의 메모

목요일		금요일		토요일		주일		주계	누계
내용	금액	내용	금액	내용	금액	내용	금액		

너희가 짐을 서로 지라 그리하여 그리스도의 법을 성취하라. (갈 6 : 2)

"선교지를 향해 떠나기 전 나는 사람들을 찾아다니며 작별 인사를 했지요. 그 때 어느 나이 많은 여신자를 방문하게 되었습니다. 그는 내 손을 잡고 나의 눈을 들여다보면서 나직이 말했습니다. '당신이 그곳에 가시면 열병에 걸리지 않도록 기도 드리겠어요.' 그 후 나는 한 번도 열병에 걸린 적이 없어요. 그 더운 열대지방에서 말입니다." 한 선교사의 고백입니다. 선교사를 위한 중보 기도는 구체적이어야 합니다. 그저 인사치레여서도, 중언부언 읊조리는 것이어서도 안 됩니다. 누군가를 위해 하는 기도일수록 정확하고 꾸준하게 기도하십시오. 그것이 짐을 함께 져 주는 일이자 선교 사역을 함께 나누는 일입니다.

기도 : 하나님 기도원에 있는 선교사를 위해 기도합니다. 그가 더위(추위)를 잘 이겨내게 하시고, 그가 전도하고 있는 형제가 복음을 받아들이고 그와 함께 사역할 수 있는 날이 속히 오기를 기도합니다.

잠언 10 : 19 ~ 21

말이 많으면 허물을 면하기 어려우나 그 입술을 제어하는 자가 지혜가 있느니라 의인의 혀는 순은과 같거니와 악인의 마음은 가치가 적으니라 의인의 입술은 여러 사람을 교육하나 미련한 자는 지식이 없어 죽느니라

3 March

	월요일		화요일		수요일	
	내용	금액	내용	금액	내용	금액
수 입						
수입합계						
식비						
주거관리비						
공 과 비						
생활용품						
의 복 비						
건강미용						
교 육 비						
문화·레저						
축하·경조						
저축·보험						
교통·통신						
기 타						
지출합계						
잔 액						

송이 산적

◀ 재료

송이버섯 4개, 쇠고기 200g, 소금, 참기름, 꼬치 4개, 간장 1½큰술, 설탕 2작은술, 다진파 2작은술, 다진마늘 1작은술, 후추, 깨소금, 참기름

◀ 만들기

1. 송이버섯은 검은 껍질을 얇게 벗기고 끝부분에 붙은 모래부분은 버린다.
2. 손질한 송이버섯은 모양을 살려 굵기에 따라 2~3등분으로 저민다.
3. 송이버섯은 소금, 참기름으로 양념하여 부서지지 않도록 살며시 버무린다.
4. 쇠고기는 송이버섯보다 약간 길고 넓이는 1.5㎝ 정도로 썰어 잔칼집을 넣는다.
5. 간장에 설탕, 다진파, 마늘, 후추, 깨소금, 참기름을 넣어 양념장을 만든다.
6. 쇠고기는 ⑤의 양념장에 간이 배도록 무친다.
7. 꼬치에 송이버섯, 쇠고기를 번갈아 가며 꽂는다.(꼬치 양끝이 1㎝가 되도록 다듬는다.)
8. 산적재료를 석쇠에 놓고 살짝 굽거나 팬에 기름을 두르고 지져내도 좋다.
9. 접시에 송이산적을 보기 좋게 담는다.

여호와께서 사람의 걸음을 정하시고 그의 길을 기뻐하시나니 그는 넘어지나 아주 엎드러지지 아니함은 여호와께서 그의 손으로 붙드심이로다. (시 37 : 23~24)

영화 〈사운드 오브 뮤직〉의 주인공 마리아에게는 두 번의 시련이 옵니다. 그 때마다 원장 수녀님은 그녀를 위로해 줍니다. "하나님은 한쪽 문을 닫으시면 반드시 다른 한쪽 문을 열어둔단다." 이 말은 마리아의 일생에 영향을 주었습니다. 마리아는 이 말을 가슴에 새겨 문제들을 회피하지 않고 당당하게 맞서게 됩니다. 영화는 가족이 오스트리아를 빠져 나와 스위스로 가는 것으로 끝을 맺지만, 마리아는 그 후의 삶도 용감하게 살았을 것입니다. 그렇습니다. 하나님은 모든 출구를 막아 우리를 괴롭게 하는 분이 아니십니다. 염려하지 말고 문제를 주님께 맡기십시오.

기도 : 제가 넘어질 때마다 다시 일으키시는 주님을 찬양합니다. 다시 일어설 때마다 성장하는 자신을 발견하기 원합니다.

오늘의 메모

목요일		금요일		토요일		주일			
내용	금액	내용	금액	내용	금액	내용	금액	주계	누계

너희가 기도할 때에 무엇이든지 믿고 구하는 것은 다 받으리라 하시니라. (마 21 : 22)
오랜 기도 생활을 해온 우리 믿음의 선배들은 하나님께서 기도에 응답하는 방식이 세 가지라고 전합니다. '들어주겠다(Yes)'와 '안 된다(No)' 그리고 '기다려라(wait)'입니다. 그런데 우리의 믿음을 시험하고 포기하는 것은 'No'라는 확실한 대답보다 'Wait' 라는 유보의 응답입니다. 우리는 언제까지 기다려야 할지, 하나님께서 어떤 방식으로 응답하실지 모릅니다. 기다림의 시간이 깊어질수록 의심과 절망이 우리를 감쌉니다. 그러나 기다리는 것은 훈련이자 단련입니다. 이 기간 동안 우리는 강해질 수 있으며 구한 것을 받을 준비를 할 수 있습니다. 그리고 충분히 준비된 후에는 받은 것이 더욱 빛을 발하게 될 것입니다.
기도 : 하나님, 저에게 기도로 구하는 믿음과 기쁨으로 인내할 수 있는 소망과 꺼지지 않는 인내의 불씨를 주십시오.

잠언 9 : 10 ~ 11
여호와를 경외하는 것이 지혜의 근본이요 거룩하신 자를 아는 것이 명철이니라 지혜로 말미암아 네 날이 많아질 것이요 네 생명의 해가 네게 더하리라

3 March

	월요일		화요일		수요일	
	내용	금액	내용	금액	내용	금액
수 입						
수입합계						
식비						
주거관리비						
공 과 비						
생활용품						
의 복 비						
건강미용						
교 육 비						
문화·레저						
축하·경조						
저축·보험						
교통·통신						
기 타						
지출합계						
잔 액						

가지볶음

◀ 재료

가지 2개, 풋고추 2개, 홍고추 2개, 양파 1개, 쇠고기 50g, 꽃상추, 간장 2큰술, 파 2큰술, 마늘 1큰술, 깨소금, 참기름, 식용유

◀ 만들기

1. 가지는 꼭지를 떼고 4~5cm 길이로 납작하게 썬 후 소금물에 담가 건진다.
2. 청·홍고추는 배를 갈라 씨를 빼고 어슷하게 썬다.
3. 양파도 같은 크기로 썬다.
4. 쇠고기는 곱게 다진 후 간장, 파, 마늘, 설탕, 후추, 깨소금, 참기름으로 양념한다.
5. 후라이팬에 ④의 고기를 볶다가 식용유를 여유 있게 넣고 ①의 가지를 볶으면서 간장, 파, 마늘, ②, ③의 재료를 넣어 볶는다.
6. ⑤의 가지볶음에 깨소금, 참기름을 섞어 꽃상추를 깔고 담아 낸다.

너는 꿀을 보거든 족하리만큼 먹으라 과식함으로 토할까 두려우니라. (잠 25:16)

자동차에서 가장 중요한 기관은 브레이크입니다. 브레이크 없이 달리는 차는 죽음을 향해 달리는 것입니다. 달리기 위해서 만들어진 자동차에서 가장 중요한 기관이 브레이크라는 역설적인 사실은 우리에게 많은 부분을 시사해 줍니다. 우리 주위에는 아무 계획 없이 시간의 흐름에 자신을 맡긴 채 되는 대로 살아가는 사람들이 많습니다. 그런 사람들은 자기를 절제하기 힘듭니다. "지나친 것은 모자란 것보다 못하다"는 말이 있습니다. 자기 절제를 위해 스스로 돌아보는 시간을 마련하십시오. 절제는 본질을 들여다볼 때 생깁니다.

기도 : 하나님, 저의 기도와 묵상이 앞으로 나아가게 하는 바퀴와 브레이크의 역할을 조화롭게 감당하도록 도와 주십시오.

오늘의 메모

4 April

예산 · 결산

내용 · 계획	예 산	결 산	비 고
수　입			
저축인출			
차입 (전월잔액)			
수입 합계			

	예 산	결 산	비 고
식비			
부식비			
주거관리비			
공과비			
생활용품			
의복비			
건강미용			
교육비			
문화 · 레저			
축하 · 경조			
저축 · 보험			
교통 · 통신			
기 타			
특별비			
저축 저축성예금			
요구불예금			
차입금 상환			
지출 합계			

현재 남은 돈	

이달에 해야 할일

1	
2	
3	
4	
5	
6	
7	
8	
9	
10	
11	
12	
13	
14	
15	
16	
17	
18	
19	
20	
21	
22	
23	
24	
25	
26	
27	
28	
29	
30	

4 April

	월요일		화요일		수요일	
	내용	금액	내용	금액	내용	금액
수　입						
수입합계						
식비						
주거관리비						
공 과 비						
생활용품						
의 복 비						
건강미용						
교 육 비						
문화・레저						
축하・경조						
저축・보험						
교통・통신						
기 타						
지출합계						
잔　액						

고들빼기김치

◀ 재 료

고들빼기 1관, 실파 1단, 삭힌 고추 1근, 갓 1단, 고춧가루 1근, 멸치젓국 2C, 설탕 3TS, 밤 20개, 대추 20개, 잣 1/2C, 통깨, 마늘, 생강, 실고추

◀ 만들기

1. 고들빼기는 잎이 푸르고 무성하며 뿌리가 굵은 것으로 골라 깨끗이 다듬어서 소금물에 절인 다음 돌로 눌러 일주일 정도 두어 누렇게 삭힌다.

2. 삭힌 고들빼기는 쓴맛이 빠지도록 여러 번 헹구어 하루쯤 담가 두었다가 건져 물기를 빼 놓는다.

3. 밴댕이젓이나 멸치젓 등을 곱게 다져 놓고, 삭힌 고추는 깨끗이 씻어 놓는다.

4. 갓과 실파도 씻어서 10㎝ 길이로 썰어 젓국에 절여 놓는다.

5. 젓국에 고춧가루와 설탕을 함께 개어 놓는다.

6. 고들빼기와 삭힌 고추, 갓, 실파, 채 썬 마늘, 생강, 밤, 대추에 ⑤의 양념을 넣어 고루 버무려 통깨・실고추를 넣어 항아리에 차곡차곡 담은 다음 우거지를 덮어 소금을 뿌리고, 돌로 눌러 보름쯤 지난 후 익으면 먹는다. 쌉쌀하면서도 개운한 맛이 일품이다.

천국은 마치 품꾼을 얻어 포도원에 들여보내려고 이른 아침에 나간 집 주인과 같으니. (마 20:1)

아침부터 일한 품꾼과 한낮에 들어온 일꾼이 같은 품삯을 받는다는 비유는 우리가 납득하기 어렵습니다. 일한 시간과 상관없이 품삯을 지불하는 주인의 계산법을 논리적인 그리스도인들은 받아들이기 힘듭니다. 그것은 이 비유를 대할 때 언제나 자기 자신을 해질 무렵 끼어든 품꾼이 아니라 온종일 고생한 품꾼들과 동일시하는 마음이 전제되어 있기 때문입니다. 그러니 주인의 불공평한 처사에 이의를 제기할 수밖에 없는 것입니다. 그러나 자기 공로대로 구원받는 사람은 아무도 없습니다. 우리 중 누구도 하나님이 요구하시는 삶 근처에도 간 사람이 없기 때문입니다. 그럼에도 불구하고 공평한 기준대로 받아야 한다고 고집한다면 한 사람도 구원에 이를 수 없을것입니다.

기도 : 저 자신을 언제나 성실하게 일하는 일꾼과 동일시하는 오류를 범하지 않도록 깨우쳐 주십시오.

오늘의 메모

목요일		금요일		토요일		주일			
내용	금액	내용	금액	내용	금액	내용	금액	주계	누계

의인의 아비는 크게 즐거울 것이요 지혜로운 자식을 낳은 자는 그로 말미암아 즐거울 것이니라. (잠 23 : 24)

이 세상에서 가장 무서운 사람이 누구라고 생각하십니까? 그 사람은 권력을 가진 사람도, 돈이 많은 사람도 아닙니다. 그 사람은 자기가 알고 있는 것이 모두 옳다고 믿는 사람입니다. 그런 사람은 무모하고 편협합니다. 삶을 살아가는 데 있어서 중요한 것은 얼마나 아느냐가 아니라 무엇을 아는가입니다. 지혜야말로 세상을 사는 데 꼭 필요한 것입니다. 성경은 하나님을 아는 것이 지혜의 근본이라고 하였습니다. 아이에게 늘 성경 이야기를 들려준다면 굳이 가르치려 들지 않아도 풍부한 지혜를 얻게 될 것입니다.

기도 : 하나님, 제 아이에게 성경을 재미있게 이야기해 주는 어머니가 되기 원합니다. 훈련이 필요한 일이오니 함께 해 주십시오.

잠언 15 : 20~21
지혜로운 아들은 아비를 즐겁게 하여도 미련한 자는 어미를 업신여기느니라 무지한 자는 미련한 것을 즐겨 하여도 명철한 자는 그 길을 바르게 하느니라

4 April

	월요일		화요일		수요일	
	내용	금액	내용	금액	내용	금액
수 입						
수입합계						
식비						
주거관리비						
공 과 비						
생활용품						
의 복 비						
건강미용						
교 육 비						
문화 • 레저						
축하 • 경조						
저축 • 보험						
교통 • 통신						
기 타						
지출합계						
잔 액						

햄스테이크

◀ 재 료

햄, 당근 , 감자, 시금치, 파인애플 1쪽, 파인애플 주스 3TS, 팬케이크 2장, 체리 1개, 래디시 1개, 파슬리 1개, 소금, 후추, 달걀 1개, 밀가루 1TS

◀ 만들기

1. 햄은 도톰하게 잘라 칼집을 넣는다.
2. 팬에 버터나 기름을 넣어 햄을 지진 후 파인애플과 파인애플 주스를 넣는다.
3. 햄과 파인애플은 건져 놓고, 그 국물은 조린다.
4. 감자는 튀겨 놓고, 당근은 끓는 물에 삶아 건진다.
6. 삶은 국물에 설탕, 소금, 버터를 넣어 조린 다음 삶은 당근을 넣어 간이 배도록 다시 조린다.
7. 달걀을 잘 풀어 놓고 밀가루, 소금을 넣고 거품기로 잘 푼다.
8. 팬에 ⑦의 재료를 부어 얇게 팬케이크를 부쳐낸다.
9. 시금치는 데쳐 물기를 꼭 짜서 버터에 볶아 소금으로 간을 하여 팬케이크에 시금치 볶음을 놓고 달걀말음을 말아 한 입 크기로 썬다.
10. 접시에 햄스테이크를 담고 파인애플을 얹어 조린 국물을 끼얹는다.
11. 햄스테이크에 감자튀김, 시금치말음, 당근찜을 곁들여 담는다.

또 이끌고 예루살렘으로 가서 성전 꼭대기에 세우고 이르되 네가 만일 하나님의 아들이어든 여기서 뛰어내리라. (눅 4 : 9)

예수님을 유혹했던 사탄의 속삭임은 '돌로 떡을 만들어라', '성전 꼭대기에서 뛰어내리라', '나에게 절하라' 였습니다. 사탄이 우리를 이런 말로 유혹한다면 절대 넘어가지 않을 것입니다. 그것을 모를 리 없는 사탄은 지금 세상의 나팔수들을 동원해 이렇게 외칩니다. '현실적이 되라', '멋있어 보여라', '힘이 최고다'. 얼핏 듣기에 예수님을 유혹했던 사탄의 속삭임과는 전혀 달라 보이지만 실제로는 같습니다. 결국 변하는 세태를 따라 살라는 뜻이기 때문입니다. 유혹은 언제나 달콤하고 승리하는 삶으로 인도하는 것처럼 보입니다. 그러나 주님의 말씀에 등을 돌리고라도, 세속적인 우러름을 받는 자리를 차지하라는 속삭임에 "노"라고 말하십시오. 참된 행복은 그 대답에서 시작됩니다.

기도 : 하나님, 세상의 달콤한 유혹을 물리칠 수 있는 믿음과 의로운 복을 허락해 주십시오.

오늘의 메모

목요일		금요일		토요일		주일			
내용	금액	내용	금액	내용	금액	내용	금액	주계	누계

여호와께서 그를 황무지에서, 짐승의 부르짖는 광야에서 만나시고 호위하시며 보호하시며 자기의 눈동자같이 지키셨도다. (신 32 : 10)

모세는 광야에서 하나님의 부르심을 받았으며 40년 동안 광야 생활을 했습니다. 다윗도 사울의 추적을 받을 때 광야로 피신했습니다. 세례 요한도 광야에서 기거했습니다. 그리고 예수님도 40일 동안 광야에서 금식하시며 마귀에게 시험을 받으셨습니다. 아무 풍족한 것이 없는 황량한 그 땅은 외로움의 자리입니다. 쓸쓸하며 조용합니다. 그러나 그 깊은 아픔의 자락 끝에는 우리를 눈동자같이 지키시는 하나님이 계십니다. 그 광야에서 우리는 하나님의 음성을 들을 수 있습니다. 광야에서 말씀하시는 하나님을 만나고, 그 음성을 들으십시오. 그 땅을 통과하면 더욱 성숙해진 자신을 만날 수 있을 것입니다.

기도 : 하나님, 외로움의 자리에서 하나님을 만나기 원합니다. 이 광야를 통과했을 때 보다 성숙한 제가 되기를 원합니다.

잠언 16 : 16 ~ 17
지혜를 얻는 것이 금을 얻는 것보다 얼마나 나은고 명철을 얻는 것이 은을 얻는 것보다 더욱 나으니라 악을 떠나는 것은 정직한 사람의 대로이니 자기의 길을 지키는 자는 자기의 영혼을 보전 하느니라

4 April

	월요일		화요일		수요일	
	내용	금액	내용	금액	내용	금액
수 입						
수입합계						
식비						
주거관리비						
공 과 비						
생활용품						
의 복 비						
건강미용						
교 육 비						
문화·레저						
축하·경조						
저축·보험						
교통·통신						
기 타						
지출합계						
잔 액						

바비큐 치킨

◀ 재 료

닭1마리, 양파 2개, 마늘 1TS, 포도주 3TS, 토마토 케첩 2/3C, 황설탕 1TS, 레몬 1/2개, 월계수잎 1장, 육수 1C, 양겨자 1/2TS, 타바스코 조금, 타임 조금, 소금, 후추, 식용유

◀ 만들기

1. 닭은 깨끗이 손질하여 큼직하게 토막을 낸다.
2. 브로콜리는 끓는 소금물 에 데쳐 찬물에 헹구어 토막을 낸다.
3. 양파, 마늘은 잘게 다진 다.
4. 오목한 팬에 버터나 기 름을 넣고 양파와 마늘 을 갈색이 나도록 오래 볶는다.
5. ④에 토마토 케첩, 포도 주, 황설탕, 겨사, 월계수 잎, 타바스코, 타임, 육수 를 붓고 푹 끓인다.
6. ⑤에 소금, 후추로 간하 고 레몬즙을 넣어 바비 큐 소스를 만든다.
7. 팬에 기름을 넣어 닭을 넣고 노릇노릇하게 지지 면서 소금, 후추로 양념 을 한다.
8. 오븐에 넣은 철판 위에 ①의 닭고기를 담고 ⑥ 의 소스를 끼얹어 오븐 에 굽는다.

형통한 날에는 기뻐하고 곤고한 날에는 되돌아 보아라 이 두 가지를 하나님이 병행하게 하사 사람이 그의 장래 일을 능히 헤아려 알지 못하게 하셨느니라. (전 7:14)
살다 보면 기쁜 날, 슬픈 날이 교차하게 마련입니다. 살면서 받은 상처들은 사람과의 벽을 쌓게 만들고, 하나님에게로도 가까이 갈 수 없게 만듭니다. 미움의 감정들은 자신의 몸과 마음을 갉아먹고 나중에는 주위 사람들에게까지 상처를 주게 됩니다. 사람들은 상처를 대면하는 것을 두려워하여 덮어두려고 합니다. 괜찮은 척, 다 용서하는 척 하지만 실은 마음속 깊은 곳에서 증오의 이름으로 썩고 있는 것입니다. 그 증오는 타인과의 관계의 문제가 아니라 자기 자신과의 문제입니다. 하나님께서 나의 죄를 용서하신 것을 기억하십시오. 당신이 받고 있는 스트레스가 증오의 감정으로 발전하지 못하도록 당신 마음을 지키십시오.
기도 : 하나님, 스트레스를 지혜롭게 풀 수 있도록 도와주시고, 이 감정이 증오로 변하지 않도록 이끌어 주십시오.

오늘의 메모

목요일		금요일		토요일		주일			
내용	금액	내용	금액	내용	금액	내용	금액	주계	누계

…하나님께 나아가는 자는 반드시 그가 계신 것과 또한 그가 자기를 찾는 자들에게 상 주시는 이심을 믿어야 할지니라.(히 11：6)
한 신학자는 "아무런 도구도 없이 두 눈을 감고 벼랑에서 뛰어내리는 것"이 믿음이라고 정의했습니다. 이것은 일견 무모함을 이야기하는 것 같습니다. 그러나 하나님에 대한 믿음은 무모함이 아닙니다. 그것은 '하나님이 계신 것과 또한 그를 찾는 자에게 상주시는 이임을 믿는 것' 입니다. 그래서 주님의 말씀에 두려움 없이 순종하는 것입니다. 이 믿음이 없이는 그 어떤 것으로도 하나님을 기쁘시게 할 수 없습니다. 그리고 하나님이 계신 것을 믿는다면 어떤 상황에서든 두려워할 이유가 없습니다. 모든 것을 주님께 의탁하는 그 순간 주의 손길을 느낄 것입니다.
기도 : 하나님, 아주 결정적인 상황에서 하나님에 대한 믿음보다 인간적인 판단이 앞서곤 하는 저를 긍휼히 여겨 주십시오.

잠언 16：21～24
마음이 지혜로운 자는 명철하다 일컬음을 받고 입이 선한 자는 남의 학식을 더하게 하느니라 명철한 자에게는 그 명철이 생명의 샘이 되거니와 미련한 자에게는 그 미련한 것이 징계가 되느니라 지혜로운 자의 마음은 그의 입을 슬기롭게 하고 또 그의 입술에 지식을 더하느니라 선한 말은 꿀송이 같아서 마음에 달고 뼈에 양약이 되느니라

4 April

호두, 밤조림

◀ **재료**

호도 5개, 쇠고기 50g, 밤 5개, 실백 1작은술, 밀가루 약간, 소금, 후추, 파, 마늘, 깨소금, 참기름, 간장 1큰술, 설탕 1작은술, 물엿 1큰술, 물 2큰술, 청주 1큰술

◀ **만들기**

1. 호도는 겉껍질을 벗겨 미지근한 물에 담가서 충분히 부드럽게 불린후 꼬치로 속껍질을 벗긴다.

2. 쇠고기는 살로 곱게 다져서 소금, 후추, 다진파, 마늘, 깨소금, 참기름을 넣어 골고루 끈기있게 양념한다.

3. 호도의 패인 곳에 밀가루를 뿌리고 다진 고기를 잘 박는다.

4. 밤은 껍질을 벗겨 물에 담가 놓는다.

5. 냄비에 간장, 설탕, 물엿, 물, 청주를 넣고 살짝 끓인 후 호도와 밤을 넣어서 윤기나게 서서히 조린다.

6. 잣을 고깔을 뗀 후 종이위에 잣을 놓고 칼날로 곱게 다진다.

7. 호도와 밤이 다 조려지면 참기름을 친다.

8. 접시에 밤과 호도를 옆옆이 보기 좋게 담고 그 위에 잣가루를 뿌린다.

	월요일		화요일		수요일	
	내용	금액	내용	금액	내용	금액
수 입						
수입합계						
식비						
주거관리비						
공 과 비						
생활용품						
의 복 비						
건강미용						
교 육 비						
문화·레저						
축하·경조						
저축·보험						
교통·통신						
기 타						
지출합계						
잔 액						

그들이 몹시 근심하여 각각 여짜오되 주여 나는 아니지요. (마 26 : 22)

예수님께서는 잡히시기 전날 밤에 제자들과 성만찬을 행하셨습니다. 주님께서 성만찬 중 제자들에게 "너희 중에 한 사람이 나를 팔리라"라고 말씀하시자 제자들은 매우 근심합니다. 그런데 이상하게도 그들은 다른 누구를 의심하지 않습니다. 오히려 "그것이 혹시 나입니까?"라고 예수님께 되묻습니다. 예수님의 제자들은 예수님을 사랑하면서도 자기 안에 주님을 배반할 가능성이 있음을 보고 두려워한 것이었습니다. 우리 역시 생활 속에서 종종 이런 모습을 보일 때가 있습니다. 주님을 사랑하면서도 가끔 우리는 자신이 주님의 뜻을 저버릴까 봐 두려워합니다. 그건 참 쓸쓸하고 답답한 일입니다. 무엇이든 미리 걱정하고 두려워하지 마십시오. 그것이 마음의 올무를 만듭니다. 의심은 어떤 모양이라도 버리십시오. 주께서 지켜주실 것입니다.

기도 : 아버지, 제 안의 어두움을 주님의 사랑으로 이기게 하옵소서.

오늘의 메모

목요일		금요일		토요일		주일			
내용	금액	내용	금액	내용	금액	내용	금액	주계	누계

몸은 한 지체뿐 아니요 여럿이니…만일 다 한 지체뿐이면 몸은 어디냐
(고전 12 : 14,19)
상대방을 있는 그대로 인정해 주기란 참 어렵습니다. 더군다나 그 상대방이 나와 상반된 의견을 가진 사람이라면 더더욱 그렇습니다. 그러나 성경은 우리에게 다양성이야말로 공동체를 이루는 기초가 되는 것임을 알려줍니다. 하나님께서는 우리에게 다양한 사람들로 이루어진 하나의 공동체를 주셨습니다. 이렇게 다양한 사람들이 하나의 공동체를 섬기는 방법, 그것은 "섬김"입니다. 무지개는 일곱 색이기 때문에 아름답습니다. 나와 다른 사람들을 너그러운 마음으로 이해하고 섬기는 것은 하나님의 나라를 아름답게 가꾸는 또 하나의 방법입니다.
기도 : 저에게 서로 다른 생각을 가진 다른 사람을 인정하고 섬길 수 있는 포용력을 허락해 주십시오. 그리하여 하나님 나라를 더욱 아름답게 가꾸어 나가길 원합니다.

잠언 21:20~23
지혜 있는 자의 집에는 귀한 보배와 기름이 있으나 미련한 자는 이것을 다 삼켜 버리느니라 공의와 인자를 따라 구하는 자는 생명과 공의와 영광을 얻느니라 지혜로운 자는 용사의 성에 올라가서 그 성이 의지하는 방벽을 허느니라 입과 혀를 지키는 자는 자기의 영혼을 환난에서 보전하느니라

4 April

전복죽

◀ 재료

전복 4개(大), 불린 쌀 2C, 물 14C, 양파 1개, 당근 40g, 달걀 4개(小), 김 2장, 소금, 잣가루, 참기름

◀ 만들기

1. 쌀은 깨끗이 씻어 충분히 물에 불려 놓는다.
2. 전복은 먼저 껍질을 솔로 문질러 씻은 다음 칼로 도려 내어 내장을 떼고 깨끗이 씻어서 납작하게 썰어 놓는다.
3. 양파는 보통 굵기로 채 썰고, 당근은 납작하게 썰어 놓는다.
4. 냄비에 참기름을 넣고 쌀과 전복을 넣어 볶다가 물을 붓고 중간 불에서 오래 끓인다.
5. 쌀알이 거의 퍼지면 썰어 놓은 양파와 당근을 넣고 나무주걱으로 잘 저으면서 야채를 익힌다.
6. 야채가 무르면 달걀 흰자를 풀어 넣고 다시 살짝 끓여 놓는다.
7. 죽이 완성되면 그릇에 담고, 가운데에 달걀 노른자를 얹고 주위에 잣가루와 구운 김을 가루로 만들어 얹는다.
8. 전복죽에 통깨를 뿌리고 참기름을 끼얹으면 더욱 고소하다.

	월요일		화요일		수요일	
	내용	금액	내용	금액	내용	금액
수 입						
수입합계						
식비						
주거관리비						
공 과 비						
생활용품						
의 복 비						
건강미용						
교 육 비						
문화·레저						
축하·경조						
저축·보험						
교통·통신						
기 타						
지출합계						
잔 액						

아이 사무엘이 점점 자라매 여호와와 사람들에게 은총을 더욱 받더라. (삼상 2 : 26)

오늘날은 지능지수인 IQ뿐만 아니라 감성지수인 EQ, 사회성지수인 SQ도 중요시 여기는 사회가 되었습니다. 엄마라면 누구나 IQ를 높여서 개인적인 발전을 이루고 EQ를 통해 삶의 보람과 의미를 느끼며 SQ를 통해 더불어 사는 사회를 경험하는 아이로 자라게 하고 싶을 것입니다. 그런데 우리는 본문에서 또하나의 지수를 찾아낼 수 있습니다. 그것은 바로 영성지수입니다. 하나님의 영으로 충만한 축복받은 아이 사무엘은 자라면서 하나님뿐만 아니라 사람들에게도 사랑을 '더욱' 받았다고 성경은 전합니다. 믿는 자들에게 가장 중요한 것은 영성지수입니다. 당신의 아기가 영성으로 충만하여 하나님과 사람 앞에 사랑 받는 아이로 자라게 되기 위해서는 엄마가 먼저 영성으로 충만하여야 할 것입니다.

기도 : 아버지, 제 마음을 새롭게 하시고 하나님의 영으로 채우소서. 그리하여 뱃속 아기가 하나님과 사람 앞에 사랑 받는 아이로 자라게 하옵소서.

오늘의 메모

	목요일		금요일		토요일		주일			
내용	금액	내용	금액	내용	금액	내용	금액	주계	누계

너희는 천지를 지으신 여호와께 복을 받는 자로다. (시 115 : 15)
하나님께서는 우리 인간에게 '감정'이라는 선물을 주셨습니다. 히나님께서는 우리가 풍요로운 삶을 살기 원하셔서 감정을 주셨지만 우리는 가끔 감정의 지배를 받아 도리어 힘든 삶을 살게 되는 경우가 있습니다. 하나님께서는 우리에게 감정을 극복할 수 있는 '의지'도 같이 선물해 주셨습니다. 그분은 우리가 행복하기 원하십니다. 엄마의 감정을 고스란히 전달받고 있는 아기를 위하여, 그리고 무엇보다도 자신을 위해 행복한 삶을 사십시오. 아기에게 다정한 말을 건네는 것, 찬양하는 것, 맛있는 음식을 만들어서 이웃에 계신 노인께 대접하는 것, 이런 것들이 바로 행복을 선택하는 일입니다.
기도 : 하나님, 우리에게 다양한 감정들을 주셔서 삶의 여러 결들을 맛보게 하심을 감사드립니다. 우리의 감정을 성숙한 행복을 추구하는 데 사용하도록 도와주십시오.

잠언 2:7~9
그는 정직한 자를 위하여 완전한 지혜를 예비하시며 행실이 온전한 자에게 방패가 되시나니 대저 그는 정의의 길을 보호하시며 그의 성도들의 길을 보전하려 하심이니라 그런즉 네가 공의와 정의와 정직 곧 모든 선한 길을 깨달을 것이라

4 April

	월요일		화요일		수요일	
	내용	금액	내용	금액	주계	누계
수 입						
수입합계						
식비						
주거관리비						
공 과 비						
생활용품						
의 복 비						
건강미용						
교 육 비						
문화·레저						
축하·경조						
저축·보험						
교통·통신						
기 타						
지출합계						
잔 액						

쑥튀김

◀ 재료
쑥 50g, 홍고추 1개, 튀김 가루 1/2컵, 튀김 기름, 간 장, 식초, 실파, 통깨

◀ 만들기
1. 쑥은 연한 것으로 준비하 여 잘 다듬어 씻어 건져 놓는다.
2. 홍고추는 배를 갈라 씨 를 빼고 곱게 다진다.
3. 튀김 가루에 물을 넣어 잘 푼 후 홍고추를 넣어 튀김옷을 만든다.
4. ①의 쑥을 ③의 튀김옷 을 입혀 튀김 기름에 넣 어 파삭파삭하게 튀겨 놓는다.
5. 간장에 송송 썬 실파와 식초, 통깨를 넣어 혼합 하여 튀김 간장을 만들 어 쑥튀김에 곁들여 낸 다.

사랑이 언제나 끊어지지 않는 것이 친구이고, 고난을 함께 나누도록 태어난 것이 혈육이다.
(잠 17 : 17, 표준새번역)

성경은 사랑이 끊어지지 않는 것이 진정한 친구라고 우리에게 가르칩니다. 또 요한일서는 우리가 형제를 사랑하는 이유가 하나님께서 우리를 먼저 사랑하셨기 때문이라고 말합니다. 친구는 하나님께서 보내신 선물입니다. 특별히 신앙생활을 함께 나눌 수 있는 친구가 있다면 더없이 소중할 것입니다. 친구를 사랑하는 것은 하나님을 닮아가는 것이면서 우리 자신을 행복하게 만드는 일이기도 합니다. 여러 가지 일로 마음이 어지럽고 슬프다면 친구에게 도움을 요청하십시오. 친구에게 사랑을 베푸는 기회를주는 것도 서로의 신뢰를 두텁게 하는 방법입니다.

기도 : 하나님, 친구들과 제가 서로에게 성실하게 하시고 가장 좋은 친구이신 그리스도를 닮은 사랑을 가지게 해주세요.

오늘의 메모

5 May

예산·결산

내용·계획	예 산	결 산	비 고
수 입			
저축인출			
차입 (전월잔액)			
수입 합계			

	예 산	결 산	비 고
식비			
부식비			
주거관리비			
공과비			
생활용품			
의복비			
건강미용			
교육비			
문화·레저			
축하·경조			
저축·보험			
교통·통신			
기			
타			
특별비			
저축 저축성예금			
요구불예금			
차입금 상환			
지출 합계			

현재 남은 돈	

1	
2	
3	
4	
5	
6	
7	
8	
9	
10	
11	
12	
13	
14	
15	
16	
17	
18	
19	
20	
21	
22	
23	
24	
25	
26	
27	
28	
29	
30	
31	

Memo

5 May

감자투루치기

◀ 재 료

감자 100g, 쇠고기 50g, 느타리버섯·당근 20g씩, 양파 1/4개, 풋고추 1개, 굵은 파1/2줄기, 육수 1컵, 고추장·고춧가루·간장·맛술 1큰술, 다진 마늘1/2큰술, 깨소금 2작은술, 참기름 1작은술, 후춧가루, 소금 조금씩

◀ 만들기

1. 감자는 길고 납작하게 썬 후 물에 담갔다가 건진다.
2. 쇠고기, 당근, 양파는 납작하게 썰고 풋고추, 굵은 파는 어슷하게 썬다.
3. 느타리버섯은 끓는 물에 데쳐 찬물에 헹군 후 찢어 놓는다.
4. 팬에 육수를 넣고 쇠고기와 감자를 넣어 끓이다가 고추장, 고춧가루, 간장, 맛술로 양념한다.
5. ④에 당근, 다진 마늘, 풋고추, 굵은 파를 넣고 끓인 후 소금과 후춧가루로 간을 한다.
6. ⑤에 깨소금과 참기름을 넣고 그릇에 담아낸다.

	월요일		화요일		수요일	
	내용	금액	내용	금액	내용	금액
수 입						
수입합계						
식비						
주거관리비						
공 과 비						
생활용품						
의 복 비						
건강미용						
교 육 비						
문화·레저						
축하·경조						
저축·보험						
교통·통신						
기 타						
지출합계						
잔 액						

스스로 속이지 말라 하나님은 업신 여김을 받지 아니하시나니 사람이 무엇으로 심든지 그대로 거두리라.(갈 6 : 7)

하나님은 아무런 대가 없이 '은혜'를 베푸시는 분입니다. 그 은혜로 인해 우리는 값을 치르지 않고 영원한 생명을 얻었습니다. 하지만 그 은혜의 법이 인간 사회에 그대로 통용되지는 않습니다. 우리 사회는 무엇이든지 심는 대로 거두는 자연의 법칙이 적용됩니다. 투자하지 않고 풍성히 얻을 수 있는 것은 없습니다. 어떤 일에 시간과 물질과 달란트를 투자해야만 열매를 얻을 수 있습니다. 이런 사실을 잘 알고 있으면서도 투자하기를 망설이는 이유는 그 투자가 원하는 결과로 돌아오지 않을 수도 있다는 두려움 때문입니다. 그러나 자기 자신에게 투자하는 것은 그대로 남아 열매를 맺거나 다른 일의 밑거름이 될 것입니다. 자기 자신을 위해 투자하십시오. 그것이 가장 확실한 투자입니다.

오늘의 메모

목요일		금요일		토요일		주일			
내용	금액	내용	금액	내용	금액	내용	금액	주계	누계

노하기를 더디 하는 자는 크게 명철하여도 마음이 조급한 자는 어리석음을 나타내느니라.(잠 14 : 29)

조급함은 일의 과정을 중요시하지 않는 마음에서 생깁니다. 과정보다는 결과를 중요시하는 사회 풍토가 우리를 조급증 환자로 만들어 버렸습니다. 그러나 추수를 하기 위해서는 가을까지 기다려야 합니다. 아기가 태어나려면 엄마의 뱃속에서 열 달을 기다려야 합니다. 그런데도 우리는 조급한 마음으로 상처받고 패배주의에 빠질 때가 많습니다. 무슨 일이든지 때가 있는 법이며 그 때를 기다리면서 노력해야 결과를 얻을 수 있습니다. 당신이 지금 원하고 있는 일이 이루어지지 않는다고 해서 낙심하지 말고 지금은 기다려야 할 때라고 생각하십시오.

기도 : 아버지, 저의 기다림을 통해 성숙한 열매를 보게 해 주십시오. 그 기다림 가운데 주께서 함께하심을 믿습니다.

잠언 3 : 32~33
대저 패역한 자는 여호와께서 미워하시나 정직한 자에게는 그의 교통하심이 있으며 악인의 집에는 여호와의 저주가 있거니와 의인의 집에는 복이 있느니라.

5 May

	월요일		화요일		수요일	
	내용	금액	내용	금액	내용	금액
수 입						
수입합계						
식비						
주거관리비						
공 과 비						
생활용품						
의 복 비						
건강미용						
교 육 비						
문화・레저						
축하・경조						
저축・보험						
교통・통신						
기 타						
지출합계						
잔 액						

어선

◀ 재료
민어 1/2마리(中), 미나리 100g, 당근 100g, 달걀 2개, 소금 1큰술, 참기름 약간, 양념간장, 초간장

◀ 만들기
1. 민어는 얇게 포를 떠서 소금을 약간 뿌려 놓는다.
2. 미나리를 다듬어 깨끗이 씻어서 끓는 물에 살짝 데쳐 헹군 다음 소금, 참기름으로 무쳐 놓는다.
3. 간장에 설탕, 후추, 참기름을 넣어 양념장을 만든다.
4. 표고버섯은 물에 불려 물기를 꼭 짜서 곱게 채 썰어 양념간장에 무쳐서 기름에 볶아 소금으로 간한다.
5. 달걀은 소금으로 간을 하여 풀어 지단을 부쳐 곱게 채 썰어 놓는다.
6. 생선살에 녹말가루를 뿌리고 미나리, 당근, 표고, 지단채를 가지런히 놓고 돌돌 말아 전체에 녹말가루를 묻힌다.
7. 찜통에 젖은 보를 깔고 ⑥의 생선을 놓고 쪄 낸다.
8. 찐 생선은 식은 후에 4cm 정도로 썰어서 접시에 보기 좋게 담고 초간장을 곁들여 낸다.

너희가 그가 의로우신 줄을 알면 의를 행하는 자마다 그에게서 난 줄을 알리라.(요일 2:29)
의는 사람을 찌르는 것이 아니라 치유합니다. 의는 세상에서 나오는 것이 아니라 사랑이신 하나님께로부터 나오는 것입니다. 우리가 하나님의 의를 행할 때 세상은 회복의 기쁨을 누리게 됩니다. 우리가 하나님을 사랑하는 사람이라면 정의를 사랑하는 일을 의무가 아닌 기쁨으로 여겨야 합니다. 주위에서 의를 행하고 있는 사람들을 찾아보십시오. 세상에 타협하지 않고 의를 행하는 사람들의 모습이 얼마나 아름답게 느껴지는지요. 그들의 삶은 우리 삶에 도전이 됩니다. "너희는 세상의 빛이요 소금이라"고 하신 주님의 말씀에 따라 생활 속에서 정직과 성실을 실천하는 것이 주의 제자된 자의 열매입니다.
기도 : 공의의 하나님, 아버지의 뜻을 생활 속 작은 부분에서 실천함으로 주님의 의를 나타내는 사람이 되고 싶습니다.

오늘의 메모

목요일		금요일		토요일		주일		주계	누계
내용	금액	내용	금액	내용	금액	내용	금액	주계	누계

그러나 이 모든 일에 우리를 사랑하시는 이로 말미암아 우리가 넉넉히 이기느니라.(롬 8 : 37)

징체를 알 수 없는 우울함과 슬픔이 밀려와서 우리를 힘들게 할 때가 있습니다. 어떤 때는 지금 내 옆에 있는 사람에 대해 이유 없이 짜증이 나고 미운 감정이 치솟아 오를 때도 있습니다. 그런 때 사랑의 느낌을 되살려 보십시오. 즐거운 순간에 보았던 영화를 비디오로 다시 빌려 보기도 하고, 사랑하는 사람들과 함께 걸었던 길을 찾아가서 다시 걷는 것도 좋습니다. 즐거운 기억을 되살리는 일은 당신의 우울한 기분을 날려 버리는 데 도움이 될 것입니다. 본문 말씀처럼 그리스도의 사랑은 모든 것을 이깁니다. 그리고 그 사랑은 당신을 통해 실현될 것입니다.

기도 : 하나님, 제가 우울함에 침잠되지 않도록 하시고 그 마음을 처음 사랑을 돌이키는 계기로 삼게 해 주십시오.

잠언 4:11~12
내가 지혜로운 길을 네게 가르쳤으며 정직한 길로 너를 인도하였은즉 다닐 때에 네 걸음이 곤고하지 아니하겠고 달려갈 때에 실족하지 아니하리라

5 May

갑오징어강회

◀ 재료

갑오징어 1마리, 실파 40뿌리, 고추장 3TS 조청(설탕) 1TS 생강즙 1TS 식초 2TS

◀ 만들기

1. 갑오징어는 손질하여 깨끗이 씻는다.
2. 끓는 물에 갑오징어를 넣어 데친 다음 건져 식힌다.
3. 데친 갑오징어는 4cm 길이로 0.5cm 두께로 썰어 놓는다.
4. 실파는 깨끗이 다듬어 씻은 후 끓는 물에 소금을 넣고 살짝 데친 다음 찬물에 헹구어 물기를 꼭 짠다.
5. 데친 갑오징어에 실파로 돌돌 말아 풀어지지 않게 젓가락으로 끝을 박는다.
6. 생강을 강판에 곱게 갈아 물을 부어 가제에 짜서 생강즙을 만든다.
7. 고추장에 조청이나 설탕을 넣고 생강즙·식초를 넣어 초고추장을 만든다.
8. 접시에 갑오징어파강회를 가지런히 담고 초고추장을 곁들인다.

	월요일		화요일		수요일	
	내용	금액	내용	금액	내용	금액
수 입						
수입합계						
식비						
주거관리비						
공 과 비						
생활용품						
의 복 비						
건강미용						
교 육 비						
문화·레저						
축하·경조						
저축·보험						
교통·통신						
기 타						
지출합계						
잔 액						

주의 말씀의 맛이 내게 어찌 그리 단지요 내 입에 꿀보다 더 다니이다. (시 119 : 103)

로열젤리는 예로부터 불로 장수를 하게 하는 영약으로 여겨져 사람들 사이에서 많은 사랑을 받았습니다. 일벌은 태어난 후 처음 4일만 로열젤리를 먹을 수 있지만 여왕으로 길러지는 벌은 쭉 이 로열젤리를 먹게 됩니다. 우리의 육체에 음식이 필요하듯이 우리의 영혼에도 양식이 필요합니다. 무엇을 섭취하는가 하는 것이 우리의 건강에 큰 영향을 미치듯이 어떤 글을 읽느냐는 우리의 삶과 생각에 치명적인 영향을 끼칩니다. 우리 영혼을 살리는 양식은 하나님께서 주신 말씀입니다. 날마다 성경을 읽고 묵상하십시오. 하나님의 말씀을 읽는 일은 꿀벌의 애벌레에게 로열젤리를 먹이는 것처럼 당신의 아기에게도 생명의 말씀을 먹이는 일입니다.

기도 : 하나님, 제가 영혼의 허기에 민감한 사람이 되어 하나님의 말씀으로 저와 아기의 영혼을 살찌우길 원합니다.

오늘의 메모

목요일		금요일		토요일		주일		주계	누계
내용	금액	내용	금액	내용	금액	내용	금액		

혼자보다는 둘이 더 낫다. 두 사람이 함께 일할 때에, 더 좋은 결과를 얻을 수 있기 때문이다.(전 4:9, 표준새번역)

안녕? 난 뇌성마비 장애인이야. 휠체어에 의지하고 있는 나를 처음 만나는 사람들은 대게 나의 장애에만 관심을 보이곤 하지. 넌 『걸리버 여행기』를 읽어 본 적 있니? 소인국에 걸리버가 나타나자 그들과 다르다는 이유로 두려워하고 배척하여 그를 밧줄로 묶어 버리지. 그러나 걸리버가 그들에게 도움을 주자 그들은 걸리버와 친구가 될 수 있다는 것을 깨닫게 되고 사람은 서로의 능력이 다르다고 해서 차별을 해서는 안 된다는 것을 알게 되지. 나와 같은 장애를 가진 친구들은 '있는 그대로의 우리의 모습'을 인정해 주길 바래. 그러한 존중과 사랑으로 서로 다가설 때 우리는 우리 속의 본 모습이 서로 다르지 않다는 것을 마음의 눈으로 볼 수 있을 거야. 휠체어 친구 소현이가

기도 : 아버지께서 지으신 귀한 장애우들이 차별 없이 살아갈 수 있는 사회가 속히 오기 원합니다. 또 그들과 함께 삶을 나누는 제가 되기 원합니다.

잠언 8:6~11

너희는 들을지어다 내가 가장 선한 것을 말하리라 내 입술을 열어 정직을 내리라 내 입은 진리를 말하며 내 입술은 악을 미워하느니라 내 입의 말은 다 의로운즉 그 가운데에 굽은 것과 패역한 것이 없나니 이는 다 총명 있는 자가 밝히 아는 바요 지식 얻은 자가 정직하게 여기는 바니라 너희가 은을 받지 말고 나의 훈계를 받으며 정금보다 지식을 얻으라 대저 지혜는 진주보다 나으므로 원하는 모든 것을 이에 비교할 수 없음이니라

5 May

	월요일 내용	월요일 금액	화요일 내용	화요일 금액	수요일 내용	수요일 금액
수 입						
수입합계						
식비						
주거관리비						
공 과 비						
생활용품						
의 복 비						
건강미용						
교 육 비						
문화·레저						
축하·경조						
저축·보험						
교통·통신						
기 타						
지출합계						
잔 액						

두부 샐러드

◀ 재료

두부 120g, 양상추 100g, 오이 1/4개, 체리 토마토 3개, 당근 드레싱, 당근 간 것 2큰술, 올리브유 2큰술, 식초 1큰술, 설탕 1작은술, 양파즙 1/2큰술, 소금 약간, 흰 후춧가루 약간

◀ 만들기

1. 두부는 끓는 물에 데쳐 1㎝ 두께로 납작하게 썰어 식힌다.

2. 양상추는 한입 크기로 손으로 뜯고 체리 토마토와 오이는 둥글납작하게 썬 다음 얼음물에 잠시 담갔다가 건진다.

3. 당근과 양파는 각각 강판에 갈아 놓는다.

4. 올리브유에 양파·당근 간 것, 식초, 설탕, 소금을 흰 후춧가루를 넣고 거품기로 저어 당근 드레싱을 만든다.

5. 그릇에 두부와 야채를 섞어 담고 ④의 드레싱을 끼얹는다.

＊ 드레싱에 넣을 당근은 강판에 곱게 갈아준다.

내가 네 사업과 사랑과 믿음과 섬김과 인내를 아노니 네 나중 행위가 처음 것보다 많도다. (계 2 : 19)
결혼에 있어서 섬김이란 부부로서의 의무이자 권리입니다. 섬김은 상대방을 내 뜻대로 움직이게 하는 것이 아니라 그 사람을 있는 그대로 받아들이며 헌신하는 것입니다. 그러나 배우자를 섬기는 것이 궁극적으로는 그의 태도나 행동에 의해 좌우되는 게 아니라는 것을 인정하기는 매우 어렵습니다. 그래서 실제로 섬김을 행하는 데는 산을 옮길 만한 믿음이 필요하고, 배우자가 계속해서 자신을 실망시키는데도 불구하고 섬김을 고수할 수 있으려면 더더욱 성숙한 믿음이 필요합니다. 시간이 흐를수록 배우자에 대한 사랑과 섬김과 믿음과 인내의 행위가 커지기를 구하십시오. 그리하여 '네 나중 행위가 처음 것보다 많도다' 하신 칭찬의 말씀을 배우자를 통해 이루십시오.
기도 : 하나님, 지금 태중의 아기를 사랑하듯이 남편을 사랑하고 남편을 위해 헌신하고자 했던 첫사랑의 마음을 회복하게 해 주십시오.

오늘의 메모

	목요일		금요일		토요일		주일		
내용	금액	내용	금액	내용	금액	내용	금액	주계	누계

나의 영혼아 잠잠히 하나님만 바라라 무릇 나의 소망이 그로부터 나오는도다.(시 62 : 5)
하나님은 인간에게 태내에서부터 바깥의 소리를 들을 수 있는 능력을 주셨습니다. 그러나 인간을 더욱 귀하게 만드는 것은 자기 내면의 소리를 들을 수 있는 능력입니다. 아기가 신기한 듯 바깥의 소리에 귀를 기울일 때, 당신은 반대로 자신의 내면의 소리에 귀를 기울여 보십시오. 누구의 방해도 받지 않고 조용히 묵상하는 가운데 마음의 수면으로 떠오르는 것이 바로 자기 내면의 소리입니다. 누가 떠오르십니까. 무엇이 생각납니까. 그리고 무엇을 원하십니까. 그 마음을 하나님께 보이십시오. 주께서 귀를 기울이실 것입니다.
기도 : 하나님, 늘 아기와 가족들을 위해 기도하면서도 정작 저 자신이 진정으로 원하는 것이 무엇인지는 잊고 있을 때가 있습니다. 저에게 하나님 앞에 투명하게 설 수 있는 믿음과 용기를 주십시오.

잠언 12 : 5 ~ 6
의인의 생각은 징직하여도 악인의 도모는 속임이니라 악인의 말은 사람을 엿보아 피를 흘리자 하는 것이거니와 정직한 자의 입은 사람을 구원하느니라

5 May

	월요일		화요일		수요일	
	내용	금액	내용	금액	내용	금액
수 입						
수입합계						
식비						
주거관리비						
공 과 비						
생활용품						
의 복 비						
건강미용						
교 육 비						
문화・레저						
축하・경조						
저축・보험						
교통・통신						
기 타						
지출합계						
잔 액						

무 맑은탕

◀ 재료

쇠고기 130g, 무 400g, 실파 20g, 마늘 1쪽, 국간장 2큰술, 후춧가루 · 참기름 약간씩, 물 5컵

◀ 만들기

1. 쇠고기를 얄팍하게 썰어 다진마늘, 국간장, 후춧가루로 양념해 놓는다. 무는 3cm정도 토막을 낸 다음 반 또는 셋으로 갈라 0.2cm 두께로 썬다.

2. 팔팔 끓는 물에 쇠고기를 넣고 계속 끓인다. 찬물에 고기를 넣고 끓이거나 고기를 볶다가 물을 부으면 국물이 뿌옇게 되므로 끓는 물에 넣어야 국물이 맑아지게 된다.

3. 계속 끓이다가 숟가락으로 거품을 걷어내고 무를 넣고 무가 말갛게 익으면 국간장으로 간을 하고 다진 마늘과 짧게 썬 실파를 넣도록 한다.

맛내기 조리 포인트

※ 무맑은탕은 반찬없이도 무맛이 좋은 겨울철에 질리지 않고 먹을 수 있는 별미국이다. 장국고기는 순살코기보다는 등심이나 안심등한 부위를 얇게 저며 썰어 쓰고, 많이 끓일때는 양지머리나 사태를 덩어리째 삶았다가 썰어 넣고 익힌 후에 무를 넣는 것이 좋다.

더러운 귀신 들린 어린 딸을 둔 한 여자가 예수의 소문을 듣고 곧 와서 그 발 아래 엎드리니.(막 7 : 25) 어머니의 사랑과 헌신의 실체입니다. 오늘 본문에는 겸손함과 사랑으로 가득 찬 수로보니게 여인이 등장합니다. 어떻게 생각하면 모욕적일수도 있는 상황에서도 이 여인은 딸을 살리기 위해 자신이 당하는 모욕을 개의치 않습니다. 주님께서는 이 여인의 이런 사랑을 칭찬하셨습니다. 어른들은 부모가 되어 봐야지 부모 마음을 알 수 있다고 말을 합니다. 하나님께서는 당신에게도 어머니가 될 수 있는 기회를 주셨습니다. 그러나 아기를 낳는다고 진정한 어머니가 되는 것은 아닙니다. '나'만 생각하는 어린 마음에서 벗어났을 때 진정한 어머니의 마음을 가지게 되었다고 할 수 있습니다. 어머니는 이 세상을 이어나가는 징검다리입니다.

기도 : 하나님, 좋은 어머니가 되기 위해서는 주님의 인도하심이 필요합니다. 저를 끝까지 인도해 주십시오.

오늘의 메모

목요일		금요일		토요일		주일			
내용	금액	내용	금액	내용	금액	내용	금액	주계	누계

…욥이 그들을 불러다가 성결하게 하되 … 내 아들들이 죄를 범하여 마음으로 하나님을 욕되게 하였을까 함이라. (욥1:5)

욥은 자신의 신앙만을 정결히 지키는 것으로 만족하는 사람이 아니었습니다. 자식들의 신앙을 정결히 하기 위해 그는 아버지로서 최선의 노력을 기울였습니다. 무엇보다 자식들이 성결케 되는 번제를 드린 '때'를 주목해 보면 욥이 가진 신앙의 진면목을 알 수 있습니다. 아들들과 딸들이 모여 생일 잔치를 베풀고 흥겹게 먹고 마시며 즐긴 다음 날이었습니다. 그는 고통과 시련의 때보다 오히려 편하고 즐거운 때에 마음으로 하나님께 범죄하기 쉽다는 걸 알고 있었던 것입니다. 어려움 가운데 있을 때만이 아니라 즐겁고 풍요로운 가운데서 더욱 하나님을 경외하는 법을 가르치는 사람, 그가 진정 하나님을 섬기고 자식을 사랑하는 사람일 것입니다.

기도 : 하나님, 아기로 인해 충만한 기쁨 가운데 있을 때에도 하나님을 기억하게 하시고, 기쁨 중에 더욱 큰 영광을 돌리게 해주십시오.

잠언 4:23~24
모든 지킬 만한 것 중에 더욱 네 마음을 지키라 생명의 근원이 이에서 남이니라 구부러진 말을 네 입에서 버리며 비뚤어진 말을 네 입술에서 멀리 하라

5 May

	월요일		화요일		수요일	
	내용	금액	내용	금액	내용	금액
수 입						
수입합계						
식비						
주거관리비						
공 과 비						
생활용품						
의 복 비						
건강미용						
교 육 비						
문화·레저						
축하·경조						
저축·보험						
교통·통신						
기 타						
지출합계						
잔 액						

오징어 불고기

◀ 재료

오징어 1마리, 진간장 2큰술, 다진 파 2큰술, 다진 마늘 1큰술, 설탕 1작은술, 깨소금 1큰술, 참기름 1작은술, 실고추 약간, 후춧가루 약간

◀ 만들기

1. 오징어는 배를 갈라 내장을 빼고 껍질째로 깨끗이 손질하여 씻어 놓는다.
2. 손질한 오징어는 안쪽 면에 사선으로 엇갈리게 잔칼집을 넣은 다음 한 입 크기로 썰어 놓는다. 다리도 잔칼집을 넣어 다시 2개씩 썰어 놓는다.
3. 진간장에 다진 파·마늘, 설탕, 깨소금, 실고추, 참기름을 넣어 양념장을 만든다.
4. 오징어는 ③의 양념장에 버무려 간이 배도록 재어 놓는다.
5. 석쇠에 양념한 오징어를 놓고 타지 않도록 굽는다.(생선 그릴이나 팬에 구워도 된다.)

…보는 바 그 형제를 사랑하지 아니하는 자는 보지 못하는 바 하나님을 사랑할 수 없느니라.
(요일 4 : 20)

미움이 우리 마음을 사로잡고 있을 때 우리는 그 사람에 대해서 객관적인 평가를 내리기 힘듭니다. 그래서 로웰은 "미워하면 이해할 수 없다"라고 했습니다. 어떤 사람을 미워할 때 그 미움으로 인하여 가장 상처받는 사람은 미워하는 그 사람 자신입니다. 우리 안에 계신 성령이 미움이 죄악이라는 사실을 깨닫게 하시기 때문에 누군가를 미워하는 괴로움 위에 죄책감이라는 짐까지 더해집니다. 무엇보다도 당신 자신의 행복을 위해 미움을 버려야 합니다. 누군가를 미워하고 있다면 그 미움을 다스릴 수 있도록 기도하십시오. 기도가 마음을 변화시킬것입니다.

기도 : 아버지, 때로 누군가에 대한 미움으로 제 자신을 상하게 할 때가 있습니다. 이 미움을 버리게 하시고 하나님의 사랑을 내 안에 채우게 하소서.

오늘의 메모		

6 June 예산 · 결산

내용 · 계획	예 산	결 산	비 고
수　입			
저축인출			
차입 (전월잔액)			
수입 합계			

	예 산	결 산	비 고
식비			
부식비			
주거관리비			
공과비			
생활용품			
의복비			
건강미용			
교육비			
문화 · 레저			
축하 · 경조			
저축 · 보험			
교통 · 통신			
기 타			
특별비			
저 축　저축성예금			
요구불예금			
차입금 상환			
지출 합계			

현재 남은 돈	

이달에 해야 할일

1	
2	
3	
4	
5	
6	
7	
8	
9	
10	
11	
12	
13	
14	
15	
16	
17	
18	
19	
20	
21	
22	
23	
24	
25	
26	
27	
28	
29	
30	

6 June

		월요일		화요일		수요일	
		내용	금액	내용	금액	내용	금액
수 입							
수입합계							
식비							
주거관리비							
공 과 비							
생활용품							
의 복 비							
건강미용							
교 육 비							
문화 • 레저							
축하 • 경조							
저축 • 보험							
교통 • 통신							
기 타							
지출합계							
잔 액							

닭칼국수

◀ 재 료

밀가루 4C, 반죽물 1C, 닭 1마리(小), 양파 ½개, 당근 50g, 실파 5뿌리, 달걀 1개, 생강 2쪽, 소금 · 후추 · 참기름

◀ 만들기

1. 닭은 깨끗이 손질하여 씻어서 찬물을 붓고 생강을 넣어 푹 끓인 다음, 닭고기는 건져 내고 국물은 육수로 준비한다.

2. 닭고기는 뼈를 발라 내고 살을 찢어 소금, 후추, 참기름에 양념하여 무쳐 놓는다.

3. 밀가루에 소금으로 간을 한 물을 붓고 반죽하여 잘 치댄 다음 방망이로 넓게 밀어서 밀가루를 뿌려 접어가며 썰어 칼국수를 만들어 놓는다.

4. 양파, 당근은 곱게 채 썰어 팬에 기름을 넣어 볶으면서 소금으로 간을 맞춰 놓는다.

5. 실파는 4㎝ 길이로 썰고, 달걀은 황 · 백으로 갈라서 지단을 부친 후 곱게 채 썰어 놓는다.

6. 닭국물이 끓으면 만들어 놓은 칼국수를 붙지 않게 펴가면서 넣어 충분히 끓인 다음 실파 를 넣고 닭고기와 야채를 넣어 소금으로 간을 맞춘다.

7. 그릇에 칼국수를 담고, 달걀 지단을 얹어 낸다.

대저 그 마음의 생각이 어떠하면 그 위인도 그러한즉 그가 네게 먹고 마시라할지라도 그 마음은 너와 함께 하지 아니 함이라. (잠 23:7)

어느 날 긍정적인 개구리와 부정적인 개구리 두 마리가 뛰어다니다가 우유통에 빠졌습니다. 부정적인 개구리는 '이제 난 죽었다' 하며 슬퍼하다가 절망하여 결국 죽고 말았습니다. 긍정적인 개구리는 그 상황에서도 낙심하지 않았습니다. 그 개구리는 찬양을 부르며 열심히 우유통 안을 헤엄쳐 다녔습니다. 그런데 오랫동안 그렇게 하다 보니 우유가 반응을 일으켜 굳어져 치즈가 되고 말았습니다. 결국 긍정적인 개구리는 이 우유통에서 빠져나올 수 있었습니다. 긍정적인 생각은 기적까지도 불러일으킵니다. 긍정적인 생각도 습관입니다. 긍정적인 생각은 당신의 삶의 방향을 좋은 쪽으로 바꾸어놓을 것입니다.

기도 : 하나님, 주님에 대한 믿음을 가지고 삶을 긍정적으로 살 수 있도록 도와주세요. 그것이 행복을 선택하는 길임을 잊지 않게 해 주세요.

오늘의 메모

목요일		금요일		토요일		주일		주계	누계
내용	금액	내용	금액	내용	금액	내용	금액		

그러나 하나님께서 세상의 미련한 것들을 택하사 지혜 있는 자들을 부끄럽게 하려 하시고.
(고전 1 : 27)

우리는 스스로에게 예수님의 제자로 부적격자라는 판정을 내릴 때가 있습니다. 예수님의 제자라면 적어도 더 강하고 담대한 믿음과 의지를 가진 자이어야 한다고 여기고 있기 때문입니다. 그런 생각을 하는 사람들을 위해 외경에 기록된 한 이야기가 있습니다. 세상에서의 모든 사역을 마치고 하늘나라로 올라오시는 예수님을 천사들이 영접했습니다. 그런데 그 중 한 천사가 근심에 싸인 얼굴로 물었습니다. "예수님, 주님의 나라를 위해 세상에 남겨두신 자 중에 특별한 사람들은 없습니까? 겁이 많아 주님을 세 번씩이나 부인한 베드로나 의심 많은 도마 같은 사람들 말고 말입니다." 그러자 예수님께서 대답하셨습니다. "예, 그들 외에는 없습니다. 그들로 하나님 나라를 이룰 것입니다."
기도 : 하나님, 제가 스스로 심판관의 자리에 서는 어리석음을 범하지 않게 하시고, 주님의 일에 기꺼이 순종하게 해 주십시오.

잠언 14 : 8 ~ 9
슬기로운 자의 지혜는 자기의 길을 아는 것이라도 미련한 자의 어리석음은 속이는 것이니라 미련한 자는 죄를 심상히 여겨도 정직한 자 중에는 은혜가 있느니라

6 June

무백김치

◀ 재료

기본재료

무 3개, 미나리 $\frac{1}{2}$단, 실파 $\frac{1}{2}$단, 배 1개, 밤 5개, 대추 10개, 낙지 1마리, 석이버섯 3잎, 청각 50g, 마늘 2통, 생강 1쪽, 소금 $\frac{1}{2}$C

◀ 만들기

1. 무는 반을 토막내어 중간에 세번쯤 칼집을 넣어 소금에 절인다.

2. 미나리, 파는 5cm길이로 썰고 밤, 대추, 석이, 배는 곱게 채 썬다.

3. 낙지는 깨끗이 씻어 5cm 길이로 토막을 낸다.

4. 위의 재료를 혼합하여 소금으로 간을 하여 속을 버무린다.

5. 절인 무의 칼집 사이에 ④의 속을 넣어 항아리에 차곡차곡 담아 소금으로 삼삼하게 간을 한 국물을 무가 잠길 정도로 붓는다.

	월요일 내용	월요일 금액	화요일 내용	화요일 금액	수요일 내용	수요일 금액
수 입						
수입합계						
식비						
주거관리비						
공 과 비						
생활용품						
의 복 비						
건강미용						
교 육 비						
문화·레저						
축하·경조						
저축·보험						
교통·통신						
기 타						
지출합계						
잔 액						

…오직 너희 자신을 죽은 자 가운데서 다시 살아난 자같이 하나님께 드리며 너희 지체를 의의 무기로 하나님께 드리라. (롬 6 : 13)

성경에는 많은 부분이 전투 용어로 기록되어 있습니다. 이천 년이 지난 지금도 예수 그리스도를 믿는 것이 영적 전쟁인 것은 변함이 없습니다. 하지만 그런 싸움 가운데서도 우리의 삶은 하나님 앞에 아름답게 연주되어야 합니다. '무기' 라는 말을 영어 성경은 '인스트루먼트(instrument)' 라고 번역해 놓았습니다. 이 말은 도구라는 뜻이기도 하지만 악기라는 뜻도 됩니다. 우리는 강한 무기가 되지 못했듯이 좋은 소리를 내지 못하는 악기일 수도 있습니다. 하지만 걱정할 것 없습니다. 우리를 조율하시는 이는 하나님이기 때문입니다. 우리를 잘 아시는 하나님은 우리를 조율하시고, 우리의 음색대로 쓰실 것입니다. 각각 다른 악기로 웅장한 교향악을 연주하는 지휘자처럼 말입니다.

기도 : 하나님, 저 자신을 하나님의 악기로 드립니다. 그리고 주님의 조율하시는 손길을 기다리겠습니다. 아름다운 화음과 조화를 이루게 해 주십시오.

오늘의 메모

목요일		금요일		토요일		주일			
내용	금액	내용	금액	내용	금액	내용	금액	주계	누계

보라 인내하는 자를 우리가 복되다 하나니 너희가 욥의 인내를 들었고 주께서 주신 결말을 보았거니와…(약 5:11)

지금 어떤 것이 이루어지기를 인내하며 기다리는 중에 있습니까? 곧 이루어지리라는 믿음을 가지고 기다리는데, 생각보다 기다리는 시간이 길어 지쳐 있지는 않습니까? 그렇다면 하나님의 길이 참으심을 생각하십시오. 우리는 오랫동안 주의 자녀로 있으나 아직도 어린아이입니다. 하지만 그리스도께서는 오래 참고 기다리시며 절망하거나 지치지 않으십니다. 우리를 사랑하시고 그에 품에 안길 것이라는 확신이 있으시기 때문입니다. 당신도 그리스도의 믿음과 사랑을 가지고 기다리십시오. 반드시 주의 긍휼이 나타날 것입니다.

기도 : 하나님, 기쁨으로 아기를 기다리듯 저의 바라는 것에 대해서도 기쁨으로 인내하길 원합니다. 저의 인내에 주의 긍휼을 베풀어 주십시오.

잠언 21 : 29~31

악인은 자기의 얼굴을 굳게 하나 정직한 자는 자기의 행위를 삼가느니라 지혜로도 못하고, 명철로도 못하고 모략으로도 여호와를 당하지 못하느니라 싸울 날을 위하여 마병을 예비하거니와 이김은 여호와께 있느니라

6 June

	월요일		화요일		수요일	
	내용	금액	내용	금액	내용	금액
수 입						
수입합계						
식비						
주거관리비						
공 과 비						
생활용품						
의 복 비						
건강미용						
교 육 비						
문화·레저						
축하·경조						
저축·보험						
교통·통신						
기 타						
지출합계						
잔 액						

인삼오이물김치

◀ 재 료

오이 10개, 수삼 2뿌리, 잔파 10뿌리, 부추 30g, 무 100g, 고춧가루 4큰술, 다진 마늘 1작은술, 다진 생강 1작은술, 물 20C, 소금 6TS, 통깨, 실고추, 소금, 설탕

◀ 만들기

1. 토막낸 오이는 배쪽으로 세 번 칼집을 넣는다.
2. 칼집낸 ①의 오이를 소금에 살짝 절인다.
3. 수삼은 깨끗이 손질하여 작은 것은 그대로, 큰 것은 얇게 저며 썬다.
4. 부추와 잔파는 오이 길이에 맞게 썰어 놓는다.
5. 무는 곱게 채 썰어 놓는다.
6. 마늘과 생강은 곱게 다져 놓는다.
7. 무채에 잔파, 다진 마늘, 생강, 소금, 고춧가루를 넣어 잘 버무린 후 통깨, 실고추를 넣어 속을 버무린다.
8. 오이 속에 버무려 놓은 ⑦의 속을 넣는다.
9. 그릇에 고춧가루와 곱게 다진 마늘, 생강을 넣고 물을 약간 넣어 곱게 갠 다음 물에 풀고 소금, 설탕으로 간을 맞춘다.(고 춧물을 물에 직접 풀지 않고 가제에 싸서 걸러 풀면 깨끗하다.)
10. 항아리에 ⑨의 오이와 수삼, 잔파, 부추를 담고, 국물을 붓는다.

심는 이나 물주는 이는 아무 것도 아니로되 오직 자라게 하시는이는 하나님뿐이니라. (고전 3 : 7)

경제적인 어려움을 겪은 끝에 아이들을 보호소에 맡기거나 아이들을 반복적으로 학대하는 부모들의 이야기를 들을 때, 그들이 그런 행동을 하게 될 때까지 아무도 돕지 못했다는 것이 안타까움을 갖게 합니다. 그러나 이사결정권이 없나고 아이늘의 신체나 생명을 부모의 마음에 따라 결정해버리는 현실은 더욱 안타깝습니다. 자신들이 낳은 아이라고 해서 부모가 그 아이의 소유권을 가진 것은 아닙니다. 부모는 단지 하나님이 맡기신 아이를 대신 맡아 보살피는 청지기일 따름입니다. 언젠가 내 아이가 그리스도의 장성한 분량으로 자라 하나님 나라에서 다시 만날 그 때까지 청지기의 소임을 다하십시오.

기도 : 주님, 부모와 함께 살 수 없는 아이들을 보호하고 지켜주십시오. 저 또한 청지기의 소명을 사회로 넓혀가게 해주십시오.

오늘의 메모		

목요일		금요일		토요일		주일			
내용	금액	내용	금액	내용	금액	내용	금액	주계	누계

나의 형제들아 주 안에서 기뻐하라 너희에게 같은 말을 쓰는 것이 내게는 수고로움이 없고 너희에게는 안전하니라. (빌 3 : 1)

그리스도가 함께 한다 하더라도 기쁨이 없다면 행복한 삶이라고 할 수 없습니다. 큰 일을 이루고도 전혀 기쁨을 느끼지 못하는 사람들이 있는가 하면, 작은 일에도 매번 기쁨을 느끼는 사람들이 있습니다. 이들 중 누가 더 행복한 사람이겠습니까? 아무리 작은 것일지라도 기쁨으로 받아들이는 마음은 하나님의 은사인 동시에 훈련입니다. 전혀 기쁜 일이 없는 때는 물론이거니와, 더 나아가 시련 가운데 있으면서도 기쁨을 누리는 데까지 나아가야 합니다. 훈련이 지속되면 곧 성품이 됩니다. 기쁨이 성품이 되면 그 때부터의 삶은 행복의 연속일 수 밖에 없습니다. 누구도 그에게서 기쁨을 빼앗아갈 수 없기 때문입니다.

기도 : 주님, '항상 기뻐하라' 는 말씀이 주님의 명령인 것을 알고 있습니다. 기쁨이 저와 아기의 성품이 되기까지 하나님께서 함께해 주십시오.

잠언 1 : 22 ~23

너희 어리석은 자들은 어리석음을 좋아하며 거만한 자들은 거만을 기뻐하며 미련한 자들은 지식을 미워하니 어느 때까지 하겠느냐 나의 책망을 듣고 돌이키라 보라 내가 나의 영을 너희에게 부어 주며 내 말을 너희에게 보이리라

팽이버섯냉채

◀ 재료

팽이버섯 30g, 오이 40g, 붉은 양배추(적채) 10g, 깨소금 3g, 참기름 5g, 레몬즙 1/2큰술, 설탕 1/2작은술, 소금 약간

◀ 만들기

1. 팽이버섯은 끝부분을 잘라 낸 다음 가닥가닥 떼어 씻어 놓는다.
2. 오이는 5cm로 토막을 낸 후 껍질을 도려 낸 다음 돌려깍기를 하여 채썬다.
3. 적채는 곱게 채썰어 팽이버섯, 오이와 함께 물에 적셨다 냉장고에 넣어 차게 준비한다.
4. 레몬즙이나 식초에 설탕, 소금, 참기름을 넣어 잘 혼합한 후 팽이, 오이, 적채, 깨소금을 넣어 살며시 버무려 간을 맞춘다.

	월요일 내용	월요일 금액	화요일 내용	화요일 금액	수요일 내용	수요일 금액
수 입						
수입합계						
식비						
주거관리비						
공 과 비						
생활용품						
의 복 비						
건강미용						
교 육 비						
문화·레저						
축하·경조						
저축·보험						
교통·통신						
기 타						
지출합계						
잔 액						

…보리떡 다섯 개와 물고기 두 마리를 가지고 있나이다 그러나 그것이 이 많은 사람에게 얼마나 되겠사옵나이까. (요 6:9)

물고기 두 마리와 보리떡 다섯 개는 아이 혼자 조금씩 먹는다면 하루 종일 먹을 수 있는 분량이었을지도 무릅니다. 그런 음식을 └음떼처럼 모였을 사람들을 위해 내놓았으니 그 마음이 기특하기도 하고, 순진하기도 합니다. 그 아이는 자기 음식을 내놓기 전에 머릿속에 '계산' 하면서 망설이지 않았던 게 분명합니다. 예수님은 그것으로 기적을 일키셨습니다. 참된 나눔은 계산하거나 망설이지 않는 마음에서 비롯됩니다. 혹시 마땅히 나누어 써야 할 것을 선심 쓰듯 준 일은 없었습니까? 귀찮은 것을 처분하면서 생색을 내지는 않았습니까? 그것은 진정한 나눔이 아닙니다. 나누고 싶다면 저울질하거나 계산하지 않아야 합니다.

기도 : 하나님, 아기에게는 무엇이든 가장 좋은 것으로 주고 싶듯이 제 이웃과도 참된 나눔의 삶을 살고 싶습니다.

오늘의 메모

	목요일		금요일		토요일		주일		
내용	금액	내용	금액	내용	금액	내용	금액	주계	누계

오라 하시니 베드로가 배에서 내려 물 위로 걸어서 예수께로 가되 바람을 보고 무서워 빠져 가는지라…(마 14:29~30)

복음은 쉽게 들을 수 있지만 그것을 들은 모든 마음에 믿음의 싹이 나는 것은 아닙니다. 또한 믿음의 싹이 나고 뿌리를 내렸다고 해서 끝이 아닙니다. 그 믿음이 지속성을 가지며 성장하는 것도 뿌리를 내리는 것 못지 않게 어렵기 때문입니다. 물 위를 걷던 베드로를 보십시오. 몇 발짝 걷던 그는 바람을 보고 두려운 생각이 들었고, 그러자 발이 점점 가라앉기 시작했습니다. 예수님의 능력을 의심했기 때문입니다. 그러나 중요한 것은 그 다음입니다. 베드로는 "나를 구원하소서"하고 예수님께 손을 내밀었고, 예수님은 '즉시' 손을 내미셨습니다. 믿음의 뿌리가 있는 자들에게 중요한 것은 한 번도 넘어지지 않는 것이 아니라, 넘어졌을지라도 다시 주님께 손을 내미는 것입니다.

기도 : 주님, 제가 주께 부르짖을 때도 즉시 손을 내밀어 붙잡아 주십시오. 특히 아기로 인해 주님을 부를 때, 저와 아기를 단단히 붙잡아 주십시오.

잠언 4:23~24

모든 지킬 만한 것 중에 더욱 네 마음을 지키라 생명의 근원이 이에서 남이니라 구부러진 말을 네 입에서 버리며 비뚤어진 말을 네 입술에서 멀리 하라

메밀 쟁반국수

메밀국수 200g, 쇠고기 300g, 메추리알 8개, 풋고추1개, 홍고추 1개, 오이 반개, 상추·깻잎 100g씩, 토마토 2개, 육수 반컵, 간장 2큰술, 식초 1큰술, 겨자 갠 것 2큰술, 설탕 2큰술, 고춧가루 1큰술, 다진 파 1큰술, 다진 마늘 2작은술

◀ 만들기

1. 양지머리나 사태고기는 덩어리로 준비한다. 그것을 냉수에 담가 핏물을 뺀 다음 끓은 물에 넣고 통마늘과 대파를 넣어 한소끔 끓인 다음 불을 낮추어 삶는다.

2. 메추리알을 찬물에 넣어 삶고 물이 미지근해지기 시작하면 식초와 소금을 넣고 약 8분간 삶은 후, 찬물에 담가 차게 식힌 다음 껍질을 깨끗이 벗긴다.

3. 오이는 소금을 비벼 씻어 가늘게 채썰고 상추와 깻잎도 깨끗이 씻어서 돌돌 말아 채썰어 모두 찬물에 담갔다가 건져 물기를 뺀다.

4. 고추는 송송 썰어 물에 담가 씨를 털어 낸다.

5. 육수에 간장, 식초, 설탕, 고춧가루, 겨자 갠 것, 다진 파와 마늘을 넣고 고루 섞어 매콤한 맛의 양념장을 만든다.

6. 닭국물이 끓으면 만들어 놓은 칼국수를 붙지 않게 펴 가면서 넣어 충분히 끓인 다음 실파 를 넣고 닭고기와 야채를 넣어 소금으로 간을 맞춘다.

7. 메밀국수는 삶아 찬물에 헹구어 채반에 건져 물기를 빼고 작게 사리를 지어 놓는다.

	월요일		화요일		수요일	
	내용	금액	내용	금액	내용	금액
수 입						
수입합계						
식비						
주거관리비						
공 과 비						
생활용품						
의 복 비						
건강미용						
교 육 비						
문화·레저						
축하·경조						
저축·보험						
교통·통신						
기 타						
지출합계						
잔 액						

둘째는 이것이니 네 이웃을 네 자신과 같이 사랑하라 하신 것이라 이보다 더 큰 계명이 없느니라. (막 12 : 31)
어떤 지하철역에 어른들이 몇 명 들어왔습니다. 마침 어떤 청년이 자리를 양보했습니다. 아주머니는 같이 온 일행 중 한 사람을 그 자리에 앉혔습니다. 그리고 자신은 다른 젊은이 앞에 섰습니다. 그 젊은이도 자리를 양보하자 그 아주머니는 같이 온 일행 중 한 사람을 또 그 자리에 앉히고 자신은 다른 곳에 섰습니다. 그런 식으로 그 아주머니도 결국은 자리에 앉았습니다. 그런 행동은 주변 사람들의 눈살을 찌푸리게 했지만 아주머니는 아랑곳하지 않았습니다. 저 아주머니가 젊을 때도 그랬을까, 세월의 흐름이 저렇게 바꾸어놓지 않았을까 하는 생각이 들었습니다. 최소한의 예의와 배려를 지킬 줄 아는 아줌마는 아름답습니다. 여러분은 어떤 아줌마가 되시겠습니까 ?
기도 : 하나님, 세월이 흐를수록 이기심은 커지고 남을 배려하는 마음이 줄어드는 걸 느낍니다. 세월을 따라 성숙할 수 있도록 도와 주십시오.

오늘의 메모

목요일		금요일		토요일		주일			
내용	금액	내용	금액	내용	금액	내용	금액	주계	누계

또 너희 중에 누가 염려함으로 그 키를 한 자라도 더할 수 있느냐. (눅 12 : 25)

가족이 한 사람 더 늘면 기쁨도 크지만 경제적인 부담도 만만치 않게 따릅니다. 지금 정신적으로나 물질적으로 안정된 상태가 아니라서 염려되십니까? 그렇다면 염려 대신 당신이 지금 가지고 있는 것들의 목록을 적어 보십시오. 모든 생명의 주인 되시는 예수님에 대한 믿음도 꼭 써넣으십시오. 그분이 나와 함께한다는 사실은 그 어떤 물질로 대치할 수 없는 자산이자 확실한 소망입니다. 문제는 물질적 부족이 아니라 미래에 대한 걱정 때문에 현재를 기쁨으로 살지 못하는 것입니다. 아기의 머리카락 한 치도 자라게 하지 못할 염려로부터 벗어나 주님의 인도하심을 바라는 기쁨의 날들을 누리십시오.

기도 : 하나님, 제가 처한 현실을 돌아볼 때 염려가 생깁니다. 이런 저의 염려를 감사로 바꿀 수 있는 믿음을 갖기 원합니다.

잠언 10 : 13 ~ 14
명철한 자의 입술에는 지혜가 있어도 지혜 없는 자의 등을 위하여는 채찍이 있느니라 지혜로운 자는 지식을 간직하거니와 미련한 자의 입은 멸망에 가까우니라.

6 June

떡잡채

◀ 재료

흰떡 3가래(300g), 쇠고기 100g, 느타리버섯 100g, 당근 30g, 실파 50g, 미나리 30g, 소금, 통깨, 식용유, 간장 3큰술, 설탕 1큰술, 다진 마늘 1작은술, 깨소금 약간, 후추 1/2작은술, 참기름 1/2큰술

◀ 만들기

1. 떡은 5cm 길이로 잘라서 굵게 썰어 놓는다.
2. 간장에 설탕, 다진 마늘, 후추, 깨소금 약간 넣어 양념간장을 만든다.
3. 쇠고기는 포를 떠서 채 썬 다음 ②의 양념간장에 무쳐 팬에 볶아 낸다.
4. 느타리버섯은 끓는 물에 소금을 넣고 살짝 데쳐 물기를 빼고 굵게 찢어 소금, 후추, 참기름으로 부쳐 놓는다.
5. 팬에 기름을 두르고 뜨거워지면 ④의 버섯을 살짝 볶아 낸다.
6. 당근도 굵게 채 썰어 팬에 기름을 두르고 소금 간하여 볶는다.
7. 실파, 미나리는 살짝 볶으면서 소금으로 간을 한다.
8. 팬에 기름을 두르고 떡을 볶으면서 설탕과 간장을 넣는다.
9. 넓은 그릇에 볶아 놓은 모든 재료를 합하여 골고루 무친 다음 참기름, 통깨, 실고추를 섞어 잡채를 만든다.
10. 접시에 ⑨의 떡잡채를 담는다.

	월요일		화요일		수요일	
	내용	금액	내용	금액	주계금액	누계
수 입						
수입합계						
식 비						
주거관리비						
공 과 비						
생활용품						
의 복 비						
건강미용						
교 육 비						
문화 • 레저						
축하 • 경조						
저축 • 보험						
교통 • 통신						
기 타						
지출합계						
잔 액						

하나님이 그들에게 복을 주시며 하나님이 그들에게 이르시되 생육하고 번성하여 땅에 충만하라, 땅을 정복하라…. (창 1 : 28)

과학문명이 발달함에 따라 인간은 살기 편해졌지만 다른 생물이나 자연은 더욱 살기 어려워졌습니다. 환경 오염으로 라니냐나 엘니뇨 같은 현상들이 나타나고 있고, 산성비가 내린 지는 이미 오래되었습니다. 생물계에도 먹이사슬이 파괴되어 가고 있습니다. 이렇게 지속되다가는 우리의 2세들은 숨쉬기조차 힘든 세상에서 살아야 할지도 모릅니다. 환경을 지키기 위해 우리는 어떤 일들을 할 수 있을까요? 쓰레기 분리수거를 잘 하는 것, 세제를 적게 쓰는 것, 음식 찌꺼기를 줄이고 기름을 하수구에 버리지 않는 것 등등 생활 쓰레기를 줄이는 것에서부터 출발하십시오. 하나님께서는 이 땅 모든 생물을 인간의 손에 맡기셨습니다. 우리는 자연을 돌봐야 할 책임이 있습니다.

기도 : 하나님, 인간의 이기심으로 자연이 많이 훼손되었습니다. 할 수 있는 작은 것부터 실천할 수 있도록 도와주세요.

오늘의 메모

7 July

예산·결산

내용·계획	예 산	결 산	비 고
수 입			
저축인출			
차입 (전월잔액)			
수입 합계			

	예 산	결 산	비 고
식비			
부식비			
주거관리비			
공과비			
생활용품			
의복비			
건강미용			
교육비			
문화·레저			
축하·경조			
저축·보험			
교통·통신			
기 타			
특별비			
저축 저축성예금			
요구불예금			
차입금 상환			
지출 합계			
현재 남은 돈			

이달에 해야 할일

1	
2	
3	
4	
5	
6	
7	
8	
9	
10	
11	
12	
13	
14	
15	
16	
17	
18	
19	
20	
21	
22	
23	
24	
25	
26	
27	
28	
29	
30	
31	

풋고추양념무침

◀ 재료

풋고추 3C, 밀가루 1C, 다진마늘 1/2TS, 다진 파 2TS

양념장:간장 4TS, 깨소금 1TS, 참기름 1TS, 실고추, 후추

◀ 만들기

1. 풋고추는 어린 것으로 골라서 꼭지를 따고 깨끗이 씻어 건진다.
2. 고추에 물기가 있을 때 마른 밀가루를 고추에 묻혀 찜통에 보를 깔고 쪄 낸다.
3. 간장에 다진 파, 마늘, 깨소금, 참기름, 실고추를 넣어 양념장을 만든다.
4. 찐 풋고추를 양념장에 고루 버무려 간을 맞춘다.

		월요일		화요일		수요일	
		내용	금액	내용	금액	내용	금액
수 입							
수입합계							
식비							
주거관리비							
공 과 비							
생활용품							
의 복 비							
건강미용							
교 육 비							
문화•레저							
축하•경조							
저축•보험							
교통•통신							
기 타							
지출합계							
잔 액							

너희 안에 이 마음을 품으라 곧 그리스도 예수의 마음이니. (빌 2 : 5)

우리는 예수님께서 제자들의 발을 씻어 주신 일에 대해 알고 있습니다. 이 사건에서 중요한 것은 윗사람이 아랫사람의 발을 씻기는 외형적인 모습이 아니라, 발을 씻기는 마음입니다. 그 때 이미 예수님께서는 유다의 배반을 알고 있었습니다. 하지만 유다의 발도 다른 제자들의 발과 똑같이 씻어 주셨고, 한 자리에 앉아 밥을 먹었습니다. 우리도 예수님처럼 아랫사람의 발을 씻어줄 수는 있습니다. 하지만 마음 속에 그로 인해 어떤 유익을 취하려는 목적이 있다면 마음으로는 전혀 믿지 않으면서 입으로만 '주여, 주여'하는 자와 같은 것입니다. 형식을 모방하지 말고 마음을 닮으십시오.

기도 : 하나님, 주님 앞에서 어떤 것도 감출 수 없음을 압니다. 무슨 일을 하든 주님 앞에서 정직하게 하옵소서.

오늘의 메모

목요일		금요일		토요일		주일			
내용	금액	내용	금액	내용	금액	내용	금액	주계	누계

또 아비들아 너희 자녀를 노엽게 하지 말고 오직 주의 교양과 훈계로 양육하라.(엡 6:4)

어린 시절 우리의 부모님들은 거친 세상으로부터 우리를 보호하는 보호막이 되어 주셨습니다. 이제는 당신이 아이에게 그런 보호막이 되어주어야 합니다. 태교를 하는 목적은 남보다 특출한 아이로 만들기 위해서가 아니라 몸과 마음이 건강한 아이를 낳기 위한 것입니다. 물질적으로, 지식적으로 풍족하여 그런 것들을 주는 부모가 좋은 부모가 아니라 사랑으로 가르치는 부모가 좋은 부모입니다. 아이가 부모의 소유가 아닌 하나의 인격체라는 사실을 인정하고 존중하는 것은 정말 중요한 일입니다. 좋은 부모가 되기 위해 당신과 남편은 스스로를 훈련시키고 공부해야 합니다. 하나님께서는 당신 부부와 함께하십니다. 하나님의 지혜와 인도하심을 구하십시오.

기도 : 하나님, 좋은 부모가 되려 하기보다는 좋은 아이를 더욱 갈구했던 것을 고백합니다. 우리 아이에게 좋은 엄마, 좋은 아빠가 되게 해 주십시오.

잠언 10:19~21

말이 많으면 허물을 면하기 어려우나 그 입술을 제어하는 자가 지혜가 있느니라 의인의 혀는 순은과 같거니와 악인의 마음은 가치가 적으니라 의인의 입술은 여러 사람을 교육하나 미련한 자는 지식이 없어 죽느니라

7 July

	월요일		화요일		수요일	
	내용	금액	내용	금액	내용	금액
수 입						
수입합계						
식비						
주거관리비						
공 과 비						
생활용품						
의 복 비						
건강미용						
교 육 비						
문화 • 레저						
축하 • 경조						
저축 • 보험						
교통 • 통신						
기 타						
지출합계						
잔 액						

조개살오이초무침

◀ 재 료

조갯살 300g, 오이 2개,
식초 1TS, 설탕 1TS, 소금
1/2 TS, 통깨 1ts, 실고추

◀ 만들기

1. 오이는 소금으로 비벼서
   깨끗이 씻어 길이로 반을
   자른 다음 어슷하게 썰어
   소금에 절여 물기를 짜
   놓는다.
2. 조갯살도 엷은 소금물에
   씻어 건져 놓는다.
3. 끓는 물에 조갯살을 데
   쳐 놓는다.
4. 소금, 식초, 설탕을 잘
   혼합해서 오이와 조갯살
   을 넣어 무친다.
5. 접시에 보기 좋게 담고,
   그 위에 실고추와 통깨
   를 뿌려서 낸다.

이는 하나님이 우리를 위하여 더 좋은 것을 예비하셨은즉 우리가 아니면 그들로 온전함을 이루지 못하게 하려
하심이니라.(히 11:40)

오랜만에 친구들을 만나서 이야기를 하다 보면 빠짐없이 나오는 이야기가 '그 때가 좋았지' 입니다. 그 때는 이랬는
데, 라면서 과거를 회상할 뿐 현재에 만족하지도, 미래를 바라보지도 못하는 모습들을 봅니다. 현재 자신의 모습이
마음에 들지 않는 사람은 더욱 그렇습니다. 출애굽을 한 이스라엘 백성들은 하나님의 인도하심을 믿음의 눈으로
보지 못하고 원망하여 결국 가나안 땅에 들어가지 못했습니다. 하나님이 우리를 위하여 더 좋은 것을 예비하셨다
는 사실을 믿으십니까? 과거를 인도하신 하나님이 당신의 현재와 미래도 인도하십니다. 하나님께서 당신을 위해
준비한 더 좋은 미래를 믿음의 눈으로 바라보십시오.

기도 : 하나님, 주께서 우리 가정의 나아갈 길을 인도하시고 예비하심을 믿고 기쁨으로 현재와 미래를 준비할 수
있도록 도와주세요.

오늘의 메모

목요일		금요일		토요일		주일			
내용	금액	내용	금액	내용	금액	내용	금액	주계	누계

…내게 기름을 부으시고 나를 보내사 포로된 자에게 자유를, 눈먼 자에게 다시 보게 함을 전파하며 눌린 자를 자유롭게 하고.(눅 4 : 18)

아직도 이 세상에는 주님을 알지 못하는 사람들이 너무도 많습니다. 기독교를 인정하지 않아서, 복음의 소식이 전해지지 못해서, 기독교에 대한 오해로 인해 많은 사람들이 하나님을 제대로 알지 못하고 있습니다. 오늘은 세계 곳곳에서 묵묵히 그들에게 복음을 전하는 선교사님들을 위해 기도해 주십시오. 기도는 사탄의 전지를 무너뜨리고 그들을 무능력하게 만드는 강력한 힘입니다. "사람이 일하면 그뿐이지만 사람이 기도하면 하나님이 일하신다"는 말이 있습니다. 각자 기도 시간에 복음의 소식이 전해지기를 위해 잠간이라도 기도한다면 그 기도가 모아져 강한 능력을 나타낼 것입니다.

기도 : 하나님, 참으로 좋으신 하나님을 많은 사람들이 알기 원합니다. 이제 기도로 선교에 동참하겠습니다.

잠언 1 : 32~33
이리석은 지의 퇴보는 자기를 죽이며 미련한 자의 안일은 자기를 멸망시키려니와 오직 내 말을 듣는 자는 평안히 살며 재앙의 두려움이 없이 안전하리라

꼼장어볶음

◀ 재 료

꼼장어 1마리, 양파 1/4개, 마늘 3쪽, 풋고추 1개, 홍고추 1개, 대파 1/2뿌리 우유 1/4컵, 소주 2큰술

양념장 : 고추장 2큰술, 고춧가루 1/2큰술, 설탕 1큰술, 간장 1큰술, 소주 1큰술, 다진마늘 1/2큰술, 다진생강 1/2작은술, 깨소금 1작은술, 후추, 참기름

◀ 만들기

1. 꼼장어는 손질하여 씻은 후 한입 크기로 썬 다음 소주와 우유에 20분정도 재워둔다.

2. 양파, 풋고추, 홍고추는 배를 갈라 씨를 털어낸 후 납작하게 썰고 대파는 2cm 길이로 썰고 양파는 납작하게 마늘은 저며 썬다.

3. 고추장에 고춧가루, 설탕, 간장, 소주, 다진마늘, 생강, 깨소금, 후추, 참기름으로 양념장을 만든다.

4. ③의 양념장에 꼼장어를 버무려 양념한다.

5. 팬에 기름을 넣고 양념한 꼼장어와 야채를 함께 넣고 볶는다.

		월요일		화요일		수요일	
		내용	금액	내용	금액	내용	금액
수 입							
수입합계							
식비							
주거관리비							
공 과 비							
생활용품							
의 복 비							
건강미용							
교 육 비							
문화 • 레저							
축하 • 경조							
저축 • 보험							
교통 • 통신							
기 타							
지출합계							
잔 액							

···**하나님을 사랑하는 자 곧 그 뜻대로 부르심을 입은 자들에게는 모든 것이 합력하여 선을 이루느니라. (롬 8:28)**
내성적인 사람들은 문제를 자기 내면에 쌓아두는 경우가 많습니다. 쌓아둔 분노가 외부로 표출될 때 그 위력은 놀라울 정도입니다. 그리고 그 분노의 원인은 옛날 옛적의 일까지 거슬러 올라가기도 합니다. 또 자기 속을 감추지 못하고 사는 사람은 다른 사람의 감정을 배려하지 않고 원하는 대로 말을 하기 때문에 상대방이 상처받는 일이 많습니다. 화를 내지 않고 살 순 없지만 화를 조절하는 장치가 필요합니다. 한 순간에 던진 분노는 인생 전체를 좌우할 수도 있습니다. 상대방을 고려하지 않은 채 자기 감정만 쏟아내는 태도는 지혜롭지 못합니다. 성격적으로 조절이 잘 안되는 사람들이 있지만, 이러한 부분은 훈련으로 가다듬어집니다. 남이 아니라 자신을 위해 훈련을 시작하십시오.
기도 : 하나님, 서로 협력하여 선을 이루어야 할 줄로 압니다. 우리 부부의 모난 성격이 깎이고 다듬어지기를 원합니다.

오늘의 메모

목요일		금요일		토요일		주일			
내용	금액	내용	금액	내용	금액	내용	금액	주계	누계

높음이나 깊음이나 다른 어떤 피조물이라도 우리를 우리 주 그리스도 예수 안에 있는 하나님의 사랑에서 끊을 수 없으리라. (롬 8 : 39)

웨인 왕 감독의 영화 〈조이럭클럽〉에는 한 여인이 자기 딸에게 아주 귀중한 이야기를 하는 장면이 나옵니다. 그녀는 자기 딸에게 "네 자신의 가치를 알라"고 말합니다. 심한 열등감에 휩싸여서 자신을 학대하고 있던 이 딸은 어머니의 말에 힘입어 다시 한번 자신의 인생을 찾게 됩니다. 찬양 중에 "당신은 사랑 받기 위해 태어난 사람 지금도 그 사랑 받고 있지요~"라는 노래가 있습니다. 당신은 사랑 받기 위해 태어난 사람입니다. 하나님은 자신의 아들을 버리면서까지 당신을 사랑하셨습니다. 피조물인 당신을 다른 무엇보다 더 사랑하신 것입니다. 그 사랑을 믿으십시오.

기도 : 주님, 말씀에 여인이 자식을 잊을지라도 나는 너를 잊지 않겠다고 하셨는데 그 사랑을 잊지 않고 늘 가슴에 새기며 살도록 도와주세요.

잠언 3 : 34～35
진실로 그는 거만한 자를 비웃으시며 겸손한 자에게 은혜를 베푸시나니 지혜로운 자는 영광을 기업으로 받거니와 미련한 자의 영달함은 수치가 되느니라

고구마 푸딩

◀ 재료

고구마 250g, 분설탕(없으면 설탕을 커터에 곱게 갈아서 쓴다.), 크림치즈 30g, 생크림 30g, 달걀 1개, 달걀 노른자 1개

◀ 만들기

1. 고구마는 껍질째 깨끗이 씻어서 비닐주머니에 담아 입구를 묶지 말고 전자레인지에 익히거나 찜통에 찐다.

2. 꼬치로 찔러봐서 쑥 들어가면 꺼내서 포크에 꽂아 (뜨거우니까) 껍질을 벗기고 체에 내린다.

3. 고구마 체에 내린 것을 볼에 담고 분설탕을 넣어서 섞는다.

4. 다른 볼에 실온에 두어서 부드러워진 크림치즈를 넣고 거품기나 주걱으로 저어 부드럽게 만든 다음 여기에 생크림(거품내지 않은 것)을 넣고 거품기로 잘 저어 섞는다.

5. ③에 ④의 치즈를 붓고 치즈가 보이지 않을 징도로 섞는다.

6. ⑤에 달걀을 풀어서 두 세 번에 나누어 붓고 섞는다.

7. 오븐용 그릇 2개에 나누어 담아 오븐 팬에 담고 뜨거운 물을 1cm정도 부은 다음 170도로 예열한 오븐에 넣어 30~40분 윗면이 노릇해질 정도로 굽는다.

맛내기 조리 포인트

※ 고구마 푸딩을 뜨거울 때 먹어도 좋게 냉장고에 넣어 차게 식혀 먹어도 색다른 맛을 즐길 수 있다.

		월요일		화요일		수요일	
		내용	금액	내용	금액	내용	금액
수 입							
수입합계							
식비							
주거관리비							
공 과 비							
생활용품							
의 복 비							
건강미용							
교 육 비							
문화·레저							
축하·경조							
저축·보험							
교통·통신							
기 타							
지출합계							
잔 액							

그러나 이 모든 일에 우리를 사랑하시는 이로 말미암아 우리가 넉넉히 이기느니라.(롬 8:37)

오늘 아침 남편이 출근할 때 배웅을 나갔습니다. 요즘 회사 일이 어려워서 남편은 많은 스트레스를 받고 있습니다. 이제 식구도 느는데, 하면서 남편은 걱정을 했습니다. 그래서, 오늘은 남편에게 연애편지를 쓰려 합니다. 뱃속 아기와 함께 꼭꼭 편지를 눌러 써서 남편의 회사로 부쳐야겠습니다. 사는 것이 만만치 않다는 생각이 듭니다. 어떤 날은 화창하여 기분 좋은 날도 있고, 어떤 날은 폭풍우로 괴로운 날도 있습니다. 중요한 것은 어느 날이든 하나님은 우리와 함께하신다는 것이죠. 우리가 그 사실을 놓칠 때 사는 게 힘들고, 인생이 재미없게 느껴지는 것 같습니다. 오늘, 우리 가족이 하나님을 놓치지 않게 해달라고 기도해야겠습니다. 어느 주부-

기도 : 하나님, 우리를 회복시키시고, 우리 안에 주님의 평화가 가득해서 어떤 일도 너끈히 이길 수 있도록 도와주세요.

오늘의 메모

목요일		금요일		토요일		주일			
내용	금액	내용	금액	내용	금액	내용	금액	주계	누계

믿지 아니하는 남편이 아내로 말미암아 거룩하게 되고 믿지 아니하는 아내가 남편으로 말미암아 거룩하게 되나니…. (고전 7 : 14)

믿지 않는 배우자와 결혼한 경우, 특히 믿는 쪽이 신실한 그리스도인인 경우 많은 어려움을 겪는 것을 봅니다. 믿지 않는 한 배우자를 인도하여 같이 신앙 생활하는 경우도 있지만 대부분은 결혼하면 교회에 나가겠다던 결혼 전의 약속을 어깁니다. 가족들 중 믿지 않는 사람은 없습니까? 혹시 믿고 있다는 이유로 핍박을 받진 않으십니까? 많은 믿음의 선배들은 그들의 신앙을 저버리지 않았습니다. 죽으면 죽으리라는 각오로 삶을 살았습니다. 그 이유는 예수님이 살아가야 할 유일한 생명이기 때문입니다. 혹시 핍박으로 신앙의 갈림길에 놓였다면 그 믿음의 끈을 놓지 마십시오. 그분은 살아 계신 하나님이십니다. 그분은 언제나 당신과 함께하실 것입니다.

기도 : 하나님, 신앙 생활이 흔들리고, 주님에 대한 제 마음이 요동침을 느낍니다. 주님을 의지하여 승리하게 하옵소서.

잠언 12 : 6~7
악인의 말은 사람을 엿보아 피를 흘리자 하는 것이거니와 정직한 자의 입은 사람을 구원하느니라 악인은 엎드러져서 소멸되려니와 의인의 집은 서 있으리라

7 July

	월요일		화요일		수요일	
	내용	금액	내용	금액	내용	금액
수 입						
수입합계						
식비						
주거관리비						
공 과 비						
생활용품						
의 복 비						
건강미용						
교 육 비						
문화 • 레저						
축하 • 경조						
저축 • 보험						
교통 • 통신						
기 타						
지출합계						
잔 액						

미역오이냉국

◀ 재 료

마른미역(불린 것) 2컵, 오이 1개, 고춧가루 2작은술, 국간장 2큰술, 참기름 1작은술, 식초 4큰술, 다진마늘 2작은술, 설탕 1큰술, 물 4컵, 깨소금 · 얼음 약간씩

◀ 만들기

1. 물을 펄펄 끓여 식힌 다음 국간장, 설탕, 식초를 넣고 간을 맞춰 냉장고에 차게 넣어둔다.

2. 오이는 깨끗이 씻어 어슷어슷하게 썰고 다시 곱게 채설어 차게 해둔다.

3. 불린 미역을 살짝 데쳐서 짧게 썬 다음 다진마늘, 고춧가루, 국간장을 넣고 무친다.

4. 양념한 미역을 그릇에 담고 채썬 오이를 얹은 다음, 냉장고에 차게 식혀 두었던 국물을 붓고 얼음을 띄우면 된다.

※ 미역은 깨끗이 씻어 살짝 데쳐 헹군 다음 써야 미끈거리지 않고 비린 맛도 덜 난다. 미역을 너무 오래 불리면 미역이 풀어져 제맛이 나지 않는다. 파는 넣지 않도록 한다.

※ 냉국은 시원한 국물과 새콤한 식초의 맛이 입맛을 돋구어 주므로 냉국은 다른 육류나 재료들을 한데 섞지 않고 한가지 재료로 담백한 맛을 내는 것이 좋다.

그러므로 누구든지 나의 이 말을 듣고 행하는 자는 그 집을 반석 위에 지은 지혜로운 사람 같으리니…. (마 7:24)
반석 위에 세운 집은 어떤 환란이 몰아쳐도 굳건하게 서 있습니다. 반면 모래 위에 세운 집은 환란이 찾아왔을 때 쉽게 무너집니다. 신앙 생활뿐만 아니라 가정 생활도 마찬가지입니다. 하나님이 배제된 관계는 모래 위에 지은 집 같아서 쉽게 넘어지고 쉽게 상처받습니다. 믿음의 반석 위에 당신 가정을 세우십시오. 지금 모래 위에 집을 짓고 있다면 그 집을 허물고 다시 반석 위에 지어야 합니다. 다소 더디더라도, 힘이 좀더 들더라도 그렇게 해야 남은 생애를 평화롭게 보낼 수 있습니다.
기도 : 하나님, 주님을 제외시킨 삶은 모래 위에 지은 집 같아서 넘어질 수밖에 없는 것을 깨달았습니다. 우리 가정이 믿음의 반석 위에 굳게 서 있기를 원합니다.

오늘의 메모

목요일		금요일		토요일		주일			
내용	금액	내용	금액	내용	금액	내용	금액	주계	누계

우리가 환난당하는 것도 너희가 위로와 구원을 받게 하려는 것이요…
우리가 받는 것 같은 고난을 너희도 견디게 하느니라. (고후 1 : 6)
남편이 회사나 교회에서의 어려움을 말할 때 당신은 어떻게 대화를 하십니까? 많은 사람들은 남편에게 즉시 충고하기를 주저하지 않습니다. 그러나 섣부른 충고는 오히려 대화의 벽을 만드는 경우가 많습니다. 부정적인 반응, 예상치 못한 답변으로 당황하게 되면 상대방은 그 상처로부터 도망하기 위해 대화하기를 꺼려할지도 모릅니다. 부부가 결혼 생활을 영위함에 있어서 배워야 할 첫째 순위는 대화하는 방법입니다. 서로가 '받아들여지고 있다' 는 느낌을 받도록 대화하는 방법을 훈련하고 그것을 통해 서로 이해하며 좀더 가까운 관계를 만들어 가십시오.
기도 : 하나님, 남편이 어렵고 힘들 때 참된 위로와 격려를 할 수 있는 지혜를 주십시오. 그래서 고난의 때에 사랑과 믿음이 강해지기 원합니다.

잠언 14 : 17~18
노하기를 속히 하는 자는 어리석은 일을 행하고 악한 계교를 꾀하는 자는 미움을 받느니라 어리석은 자는 어리석음으로 기업을 삼아도 슬기로운 자는 지식으로 면류관을 삼느니라

7 July

	월요일		화요일		수요일	
	내용	금액	내용	금액	내용	금액
수 입						
수입합계						
식비						
주거관리비						
공 과 비						
생활용품						
의 복 비						
건강미용						
교 육 비						
문화•레저						
축하•경조						
저축•보험						
교통•통신						
기 타						
지출합계						
잔 액						

흰살 생선 탕수

◀ 재료

동태(흰살생선살)300g, 소금1/2작은술, 녹말1/2컵, 달걀1개, 표고4개, 양파1개, 당근1개, 피망1개

소스:간장1큰술, 육수3/2컵, 설탕2큰술, 식초2큰술, 물녹말6큰술, 참기름소금 약간씩

◀ 만들기

1. 동태살은 사방 4cm로 잘라 소금, 후춧가루, 참기름으로 양념해 둔다.

2. 표고버섯은 미지근한 물에 담가 불리고 물기를 뺀다. 네모나게 썰고 소금, 후춧가루, 참기름으로 간한다. 피망씨는 뺀다.

3. 양파, 피망은 네모나게 썰고 당근은 꽃모양으로 썬다.

4. 밑간한 동태살은 녹말을 묻힌 후 170도에서 2번 튀겨낸다.

5. 팬에 기름을 두르고 양파, 당근을 볶다 간장, 육수, 설탕, 소금을 넣고 끓인다.

6. 소스가 어느 정도 끓었으면 피망을 넣고 물녹말을 넣어 농도를 맞추고 마지막에 참기름을 넣는다.

7. 튀긴 생선살에 소스를 고루 끼얹어 낸다.

피차 사랑의 빚 외에는 아무에게든지 아무 빚도 지지 말라 남을 사랑하는 자는 율법을 다 이루었느니라.(롬 13:8)
하나님께서 각 사람의 필요에 따라 넉넉히 채워주심을 믿고 계십니까? 하나님께서는 너희가 피차 사랑의 빚 외에는 아무에게든지 아무런 빚도 지지 말라고 하셨습니다. 돈 때문에 부모와의 의가 상하고 형제간에 원수가 되는 일들이 많이 있습니다. 하나님은 각 사람의 필요를 아십니다. 꾸어서 일을 크게 벌이기보다 현재 가지고 있는 것을 적절하게 사용하는 것이 현명합니다. 빚을 지는 것은 잠깐의 유익이 있지만 베풀며 사는 것은 하나님 나라까지 가는 유익이 있습니다. "할 수 있는 데까지 버시오. 가능한 데까지 저축하시오. 줄 수 있는 데까지 주시오"라고 말한 요한 웨슬리의 충고를 기억하십시오.

기도 : 하나님, 우리에게 일할 수 있는 건강과 물질을 모을 수 있는 지혜를 허락해 주십시오. 그리고 넉넉히 나눌 수 있는 믿음을 갖기 원합니다.

오늘의 메모

8 August 예산·결산

내용·계획	예 산	결 산	비 고
수 입			
저축인출			
차입 (전월잔액)			
수입 합계			

	예 산	결 산	비 고
식비			
부식비			
주거관리비			
공과비			
생활용품			
의복비			
건강미용			
교육비			
문화·레저			
축하·경조			
저축·보험			
교통·통신			
기타			
특별비			
저축 저축성예금			
요구불예금			
차입금 상환			
지출 합계			
현재 남은 돈			

이달에 해야 할일

1	
2	
3	
4	
5	
6	
7	
8	
9	
10	
11	
12	
13	
14	
15	
16	
17	
18	
19	
20	
21	
22	
23	
24	
25	
26	
27	
28	
29	
30	
31	

8 August

골뱅이무침

◀ 재료
골뱅이 150g, 오이 50g, 청고추 1개, 실파 2뿌리, 양파 1/4개

양념장 : 고춧가루 1.5큰술, 간장 1작은술, 식초 2큰술, 설탕 2큰술, 소금 1작은술, 통깨 1.2큰술, 마늘 1큰술, 참기름 1작은술

◀ 만들기
1. 통조림 골뱅이는 국물을 따라 내고 큰 것은 2~3등분한다.
2. 오이는 반 갈라 길고 어슷하게 썰고, 청고추는 어슷하게 썬다.
3. 양파는 채 썰고, 실파는 3cm 길이로 썬다.
4. 그릇에 준비한 양념장 재료를 골고루 섞어 양념장을 만든다.
5. 준비한 새료를 ④의 양념장으로 골고루 무쳐 낸다.

	월요일		화요일		수요일	
	내용	금액	내용	금액	내용	금액
수 입						
수입합계						
식비						
주거관리비						
공 과 비						
생활용품						
의 복 비						
건강미용						
교 육 비						
문화·레저						
축하·경조						
저축·보험						
교통·통신						
기 타						
지출합계						
잔 액						

할 수 있거든 너희로서는 모든 사람과 더불어 화목하라.(롬 12 : 18)

심리학자들은 신체 접촉이 아기의 정신적, 신체적 건강과 발육에 필수적이라는 사실을 오래 전에 밝혀냈습니다. 아기에게 신체적 친밀감이 중요하듯이 성인들에게는 심리적인 친밀감이 중요합니다. 미국의 한 잡지사에서 이천 명의 여성들에게 "현재 당신에게 가장 중요한 것이 무엇입니까?"라고 질문했을 때, 61%가 "누군가와 가깝다는 느낌"이라고 대답했습니다. 또한 대다수의 남성들이 선정한 이상적인 여인은 "내가 전적으로 마음을 열 수 있는 사람"이었습니다. 이렇듯 누구나 친밀감을 느끼기 원하고 있습니다. 자신을 둘러싸고 있는 사람들에게도 친밀감을 보여주십시오. 그것이 설교나 훈계보다 훨씬 더 큰 힘을 발휘할 것입니다.

기도 : 하나님 제 주변 사람들과의 친밀한 관계를 원합니다. 제가 손을 내밀었을 때 따뜻하게 제 손을 잡아주는 사람을 만날 수 있게 해 주십시오.

오늘의 메모		

목요일		금요일		토요일		주일		주계	누계
내용	금액	내용	금액	내용	금액	내용	금액		

우리를 거스리고 분리하게 하는 법조문으로 쓴 증서를 지우시고 제하여 버리사 십자가에 못 박으시고… 십자가로 그들을 이기셨느니라 (골 2:14~15)

기독교는 부활의 종교입니다. 십자가 사건과 부활이 없었다면 기독교도 없었을 것입니다. 그 만큼 십자가는 절대적으로 중요한 사건입니다. 우리가 신앙생활을 하다가도 자칫 이 십자가를 놓치기 쉽습니다 말씀 묵상과 찬양, 기도를 성실하게 한다 해도 십자가를 놓칠 수 있다는 사실은 우리를 긴장하게 합니다. 토저는 "십자가를 두고 우리가 취할 수 있는 것은 두 가지밖에 없다. 하나는 피해 도망하는 것이고 다른 하나는 그 위에서 죽는 것이다"라고 했습니다. 당신은 한 사람의 아내이자 아이의 엄마이기 전에 그리스도인입니다. 그리스도인으로서 당신은 어떻습니까. 십자가를 붙잡고 사십니까?

기도 : 주님, 십자가는 고난의 상징인 동시에 승리의 징표라는 것을 잊지 않게 해주세요. 주님의 십자가로 승리하기 원합니다.

잠언 14:24~26
지혜로운 자의 재물은 그의 면류관이요 미련한 자의 소유는 다만 미련한 것이니라 진실한 증인은 사람의 생명을 구원하여도 거짓말을 뱉는 사람은 속이느니라 여호와를 경외하는 자에게는 견고한 의뢰가 있나니 그 자녀들에게 피난처가 있으리라

8 August

	월요일		화요일		수요일	
	내용	금액	내용	금액	내용	금액
수　입						
수입합계						
식비						
주거관리비						
공　과　비						
생활용품						
의　복　비						
건강미용						
교　육　비						
문화•레저						
축하•경조						
저축•보험						
교통•통신						
기　타						
지출합계						
잔　액						

장조림

◀ 재료
쇠고기(홍두깨살) 600g, 간장 3/4C, 물 2C, 설탕 2TS, 마늘 20쪽

◀ 만들기
1. 쇠고기는 홍두깨살로 깨끗이 씻어 4cm길이로 토막을 내어 놓는다.
2. 냄비에 물을 붓고 고기를 넣어 오랫동안 푹 삶는다. 이 때 국물 위에 뜨는 찌꺼기는 걷어 낸다.
3. 고기가 푹 익으면 간장, 설탕을 넣고 마늘도 함께 넣어 은근한 불에서 서서히 끓여 놓는다.
4. ③의 재료가 식으면 기름은 걷어 내고 결대로 찢어 국물과 함께 저장한다.
5. 그릇에 담을 때에는 찢어 놓은 장조림과 통마늘을 옆옆이 담고 국물을 잘박하게 붓는다.

…너희를 친구라 하였노니 내가 내 아버지께 들은 것을 다 너희에게 알게 하였음이니라. (요 15 : 15)

친구란 무엇일까요? 잘못이 있을 때 따끔하게 충고해 주고, 외로울 땐 텔레파시가 통한 것처럼 전화해서 안부 물어보고, 기쁠 땐 함께 기뻐해 주고 슬플 땐 함께 슬퍼하면서도 위로해주는 바로 그런 존재입니다. 그런 친구 중에 나와 가장 친밀한 친구는 예수님입니다. 예수님은 나와 함께 계시며 내 삶 속에 함께하십니다. 내가 외롭고 힘들 때 주님은 내 곁에 와서 위로해 주시며 힘을 주십니다. 당신이 외로움의 자리에 놓여 있을 때 이 친구를 찾으십시오. 그리고 당신도 즐거움과 슬픔을 진정으로 나누는 친구가 되십시오.

기도 : 주님, 저의 친구가 되어 주셔서 감사합니다. 그리고 삶을 함께할 귀한 친구를 주신 것을 감사드립니다.
이 친구들을 돌볼 수 있도록 도와주세요. 이 친구들이 저에게 힘이 되었던 것처럼 저도 힘이 되길 원합니다.

오늘의 메모

목요일		금요일		토요일		주일			
내용	금액	내용	금액	내용	금액	내용	금액	주계	누계

…회개하여 처음 행위를 가지라 만일 그리하지 아니하고 회개하지 아니하면 내가 네게 가서 네 촛대를 그 자리에서 옮기리라. (계 2:5)

연애 기간에 따른 변화를 적어놓은 글이 있습니다. 다툴 때, 초기에는 하루에 전화를 열 번 안 걸었다고, 중기에는 저번에도 계산 안 했으면서 이번에도 계산 안 해서, 말기에는 귀찮게 자주 말 건다고 다툰다고 합니다. 처음 남편을 만났을 때를 생각해 봅시다. 설레는 마음에 잠 못 이룰 때도 있었고 매일 그를 생각했지만, 이제 남편에 대한 사랑보다 아이에 대한 사랑이 더 크고, 시간이 지나면서 남편의 존재가 무덤덤해지지 않았나요. 하나님에 대한 사랑도 마찬가지입니다. 과연 하나님에 대한 사랑을 간직하고 있는지요. 하나님은 우리에게 처음 사랑을 되찾으라고 말씀하십니다.

기도 : 하나님, 남편에 대한 사랑을 다시 한번 생각하게 하시고, 주님 주신 귀한 사랑을 되살리게 도와 주세요.

잠언 15:14~15
명철한 자의 마음은 지식을 요구하고 미련한 자의 입은 미련한 것을 즐기느니라 고난 받는 자는 그 날이 다 험악하나 마음이 즐거운 자는 항상 잔치하느니라

105

8 August

	월요일		화요일		수요일	
	내용	금액	내용	금액	내용	금액
수 입						
수입합계						
식비						
주거관리비						
공 과 비						
생활용품						
의 복 비						
건강미용						
교 육 비						
문화 • 레저						
축하 • 경조						
저축 • 보험						
교통 • 통신						
기 타						
지출합계						
잔 액						

해물버섯잡채

◀ 재료

당면 150g, 새우 100g, 낙지 1마리(작은것), 피망 1개, 양파 1/2개, 붉은피망 1/2개, 표고버섯 2장, 느타리버섯 50g, 간장, 설탕, 참기름, 통깨, 소금

◀ 만들기

1. 면은 물에 담가 불렸다가 끓는 물에 삶아 헹구어 토막을 낸 다음 간장, 설탕, 참기름으로 무친다.

2. 새우는 씻어 놓고, 낙지는 먹통, 내장을 손질하여 씻어 5cm길이로 썰어서 끓는 물에 데쳐낸다.

3. 양파, 피망은 가늘게 채썬다. 포교버섯은 물에 불렸다가 채썰고, 느타리버섯은 데쳐 물기를 빼고 결결이 뜯어서 각각 버섯 양념으로 밑간해 놓는다.

4. 양파, 피망을 소금으로 간하여 볶다가 버섯을 넣고 마지막에 새우, 낙지를 넣어 볶는다.

5. 팬에 기름을 두르고 당면을 볶다가 ④의 재료를 넣어 잘 섞고 참기름과 통깨를 넣는다.

나의 사랑하는 자가 내게 말하여 이르기를 나의 사랑, 내 어여쁜 자야 일어나서 함께 가자. (아 2:10)

노래로 잘 알려진 갑순이와 갑돌이의 사랑이 이루어지지 않은 이유가 무엇인지 아십니까? 그것은 사랑하지 않았기 때문이 아니라 사랑하지 않는 척 했기 때문입니다. 사랑은 느낌으로 다가오기도 하지만 표현하지 않으면 퇴색됩니다. 대가족이 모여 살 때에는 표현 없는 사랑이 가능했지만 핵가정 형태인 현대에 사랑을 표현하지 않으면 가족은 사랑에 굶주리게 됩니다. '내 사랑을 알아주겠지' 하는 마음으로 사랑을 표현하지 않는다면 사랑 받기 원하는 남편이나 자녀는 그 마음이 차가워질 수도 있습니다. 이젠 표현해야 할 때입니다. 남편에 대한, 자녀에 대한 사랑을 적극적으로 표현해 보세요.

기도 : 하나님, 가족들에게 사랑을 표현하는 데 익숙하지 않습니다. 사랑을 표현해야 할 때 표현할 수 있는 용기를 주세요.

오늘의 메모	

목요일		금요일		토요일		주일			
내용	금액	내용	금액	내용	금액	내용	금액	주계	누계

네가 누울 때에 두려워하지 아니하겠고 네가 누운즉 네 잠이 달리로다.(잠 3:24)

밤새 한 번도 깨지 않고 단잠을 이룰 수 있다는 것은 당연한 것처럼 보이지만, 실상은 하나님의 은혜이자 믿음의 표현이기도 합니다. 몸의 편안함은 물론이거니와 의심과 두려움에서 벗어난 상태에서만 달고 싶은 잠이 가능하기 때문입니다. 성경은 말합니다. "그러므로 여호와께서 그 사랑하시는 자에게는 잠을 주시는도다"(시 127:2). 우리는 잠으로 인생의 3분의 1 정도를 보냅니다. 아무것도 하지 않고 보내는 이 시간이 어떻게 보면 참 아깝게 생각될 수 있지만, 잠이 주는 휴식과 회복력은 다른 어떤 것으로도 대신할 수 없습니다. 자신을 돌보는 손길에 모든 것을 맡겼을 때만 단잠을 이룰 수 있습니다. 아기처럼 잠자는 법을 배우십시오. 그것은 모든 염려를 하나님께 맡길 때만 가능합니다.

기도 : 하나님, 어느 때든지 저의 믿음이 달고 깊은 잠을 보증할 수 있기를 원합니다.

잠언 18:2~4

미련한 자는 명철을 기뻐하지 아니하고 자기의 의사를 드러내기만 기뻐하느니라 악한 자가 이를 때에는 멸시도 따라오고 부끄러운 것이 이를 때에는 능욕도 함께 오느니라 명철한 사람의 입의 말은 깊은 물과 같고 지혜의 샘은 솟구쳐 흐르는 내와 같으니라

8 August

		월요일		화요일		수요일	
		내용	금액	내용	금액	내용	금액
수 입							
수입합계							
식비							
주거관리비							
공 과 비							
생활용품							
의 복 비							
건강미용							
교 육 비							
문화·레저							
축하·경조							
저축·보험							
교통·통신							
기 타							
지출합계							
잔 액							

오이샐러드

◀ 재 료

오이 2개, 양상추 50g, 래디쉬 1개, 파슬리, 삶은 달걀 1개, 양파, 햄, 오이 피클, 마요네즈

◀ 만들기

1. 오이는 자그마한 것으로 2.5~3cm 통으로 토막낸다.
2. 삶은 달걀 흰자, 양파, 오이 피클, 햄은 곱게 다져 마요네즈에 버무린다.(양파는 다져 소금에 절였다가 물기를 짠다.)
3. ①의 오이는 가장자리를 조금 남기고 속을 파낸다.
4. ③의 오이 속에 ②속을 넣는다.(위로 소복이 올라와 보기 좋도록.)
5. ④의 오이 위에 달걀 노른자를 체에 내려 장식한다.
6. 접시에 ⑤를 돌려 담고 가운데 양상추를 손으로 찢어 소복이 담고, 위에 래디쉬·파슬리로 장식한다.

너희 보물 있는 곳에는 너희 마음도 있으리라.(눅 12 : 34)

얼마나 사랑하는가, 얼마나 중요하게 여기는가, 얼마나 헌신하는가는, 그 마음이 얼마나 그 대상을 향해 있는가를 통해 알 수 있습니다. 성경은 말씀합니다. "너희 보물 있는 곳에는 너희 마음도 있으리라"(눅 12:34). 그런데 자신이 거듭난 그리스도인이라고 생각함에도 불구하고, 시간과 물질은 세상의 보물을 향해 있고 마음과 목소리만 하늘의 보물을 향해 있는 것을 발견할 때가 있지는 않습니까. 요한 웨슬리는 말했습니다. "여러분의 돈주머니가 회개하기 전에는 여러분의 회개는 가짜입니다." 웨슬리가 돈주머니를 강조한 것은 그것이 하나님의 자리를 넘볼 만큼 강력한 힘을 발휘하기 때문입니다. 물질을 추구하되 끌려다니지 말고 선하게 사용하는 법을 배우십시오.

기도 : 저에게 물질을 허락해 주신 주님, 제가 물질을 주신 하나님보다 물질 자체를 더 사랑하는 어리석은 자가 되지 않도록 늘 일깨워 주십시오.

오늘의 메모		

	목요일		금요일		토요일		주일			
내용	금액	내용	금액	내용	금액	내용	금액	주계	누계

사람의 마음에는 많은 계획이 있어도 오직 여호와의 뜻이 완전히 서리라.(잠 19 : 21)

마음에 신한 계획을 세워두고 기도히는데도 응답이 더디거나 "노!"라고 말씀하실 때가 있습니다. 그런 때는 진정 나를 사랑하시는지 되묻고 싶은 마음이 들 수도 있습니다. 그러나 당신을 어려운 상황 가운데 혼자 내버려두시는 것 같은 순간에도 하나님은 분명 당신을 사랑하시고 인정하시며, 꿈을 가지고 계십니다. 다만 모든 것을 내가 계획한 대로, 내가 생각한 순간에 이루려 하기 때문에 홀로 버려진 것 같은 느낌에 빠지는 것입니다. 하나님의 계획은 인간의 계획과 다릅니다. 하나님은 한 사람을 통해 모든 것을 이루시는 분이 아니라, 모든 것이 합력하여 선을 이루게 하시는 분입니다. 하나님께 나를 따라오시라고 하지 말고 당신이 그분의 뜻을 좇으십시오.

기도 : 하나님, 주님을 제 뜻대로 움직이려 하는 교만한 마음을 버리고, 마음의 소원이 클수록 주님의 목소리를 청종하게 하시옵소서.

잠언 26 : 11~12

개가 그 토한 것을 도로 먹는 것 같이 미련한 자는 그 미련한 것을 거듭 행하느니라 네가 스스로 지혜롭게 여기는 자를 보느냐 그보다 미련한 자에게 오히려 희망이 있느니라

8 August

		월요일		화요일		수요일	
		내용	금액	내용	금액	내용	금액
수 입							
수입합계							
식비							
주거관리비							
공 과 비							
생활용품							
의 복 비							
건강미용							
교 육 비							
문화 · 레저							
축하 · 경조							
저축 · 보험							
교통 · 통신							
기 타							
지출합계							
잔 액							

표고버섯 볶음

◀ 재료

말린 표고버섯 5장, 양파 30g, 붉은 고추 약간, 실파 2뿌리, 식용유 약간, 불고기 양념장, 진간장 1큰술, 다진 파 2작은술, 다진 마늘 1작은술, 설탕 1작은술, 깨소금 1작은술, 참기름 1작은술, 후춧가루 약간

◀ 만들기

1. 말린 표고버섯은 물에 담 갔다가 부드러워지면 기둥을 떼고 채썬다.
2. 양파는 채썰고, 실파는 3~4cm 길이로 썬다.
3. ①의 표고버섯을 분량의 양념장에 골고루 무친다.
4. 팬에 식용유를 넣고 ④의 표고버섯, 양파를 넣어 골고루 뒤적이며 볶으면서 실파를 넣는다.
5. 그릇에 ⑤의 표고비섯 볶음을 담고 붉은 고추링을 고명으로 얹어 낸다.

내 마음을 주의 증거들에게 향하게 하시고 탐욕으로 향하지 말게 하소서. (시 119 : 36)

어린아이의 가장 큰 특징은 '자기 중심으로 세계를 본다' 는 것입니다. 그런데 어른들 가운데도 그런 사람들이 있습니다. 이런 사람은 몸은 다 성장하였지만 정신적으로는 아직 성장하지 못한 "어른애"라고 할 수 있습니다. 이기심의 다른 얼굴은 탐욕입니다. 다른 사람보다 자신이 너 많이 갖고 더 행복한 삶을 살아야 한다는 자기 중심적인 사고, 이것이 바로 탐욕인 것입니다. 오늘 성경 본문에서 시편 기자는 자기 마음이 이기심으로 향하지 않도록 주의 증거로 향하게 해 달라고 간구하고 있습니다. 우리 삶이 주님에게 몰두해 있다면 우리의 마음속에 탐욕이 싹틀 수없을 것입니다. 우리의 마음을 주님께 향하게 함으로써 영적인 어린아이를 벗어나십시오.

기도 : 아버지, 제 안의 더러운 욕심을 버리고 주님만 바라보며 살기를 원합니다. 주님을 향한 방향을 바로잡도록 도우소서.

오늘의 메모

목요일		금요일		토요일		주일			
내용	금액	내용	금액	내용	금액	내용	금액	주계	누계

누구든지 내 이름으로 이런 어린아이 하나를 영접하면 곧 나를 영접함이요….(막 9:37)

어느 분이 뇌성마비 아동을 돌보며 치료하는 이떤 보육원을 방문하였습니다. 그분은 그 아이들을 돌보는 분에게 물었습니다. "이 아이들은 모두에게서 버림을 받았군요. 하나님 역시 이 아이들을 버리신 건가요?" "아니요, 저는 매일 이 아이들 속에 있는 하나님의 생명을 느끼고 산답니다. 다만 그 어머니들이 아이들의 생명에 상처를 낸 것뿐이지요." 많은 생명들이 모태에서 어머니의 흡연, 음주, 약물과 같은 직접적이고도 치명적인 독과 불안, 공포, 분노와 같은 심리적인 독으로 인해 상처를 받고 있습니다. 어른들의 이기심은 아이들의 평생에 상처를 줄 수 있습니다. 아이는 나의 소유물이 아니라 하나님이 사랑하시는 거룩한 인격체라는 사실을 다시 한번 상기하십시오.
기도 : 하나님, 어른들의 이기심으로 희생된 아이들을 위로하시고 치료하여 주옵소서. 저희 가족이 다른 사람들을 배려하고 도볼 수 있길 원합니다.

잠언 27:3~5
돌은 무겁고 모래도 가볍지 아니하거니와 미련한 자의 분노는 이 둘보다 무거우니라 분은 잔인하고 노는 창수 같거니와 투기 앞에야 누가 서리요 면책은 숨은 사랑보다 나으니라

8 August

달걀전

◀ **재료**

달걀4개, 밀가루1/2컵, 홍고추 풋고추 1개씩, 소금식초 약간씩, 식물성 식용유 약간

◀ **만들기**

1. 냄비에 소금, 식초1방울을 넣고 달걀을 13분 정도 완숙으로 삶는다.
2. 삶은 달걀은 껍질을 벗기고 커터기로 잘라 준비한다.
3. 썰은 달걀에 밀가루를 앞뒤로 골고루 묻힌다.
4. 밀가루를 묻힌 달걀에 달걀물(소금을 넣어 간을 한다.)을 입힌다.
5. 후라이팬에 식용유를 여유있게 두르고 앞뒤로 지진다.
6. 홍고추와 풋고추를 잘게 썰어 완성된 달걀위에 올려 다시 힌번 부쳐 낸다.

		월요일		화요일		수요일	
		내용	금액	내용	금액	내용	금액
수 입							
수입합계							
식비							
주거관리비							
공 과 비							
생활용품							
의 복 비							
건강미용							
교 육 비							
문화·레저							
축하·경조							
저축·보험							
교통·통신							
기 타							
지출합계							
잔 액							

누구든지 자기 친족 특히 자기 가족을 돌보지 아니하면 믿음을 배반한 자요 불신자보다 더 악한 자니라. (딤전 5 : 8)

가족은 내 삶을 이루고 있는 여러 가지 퍼즐 중에서 가장 큰 조각입니다. 그런데 우리는 입으로는 가족이 세상에서 가장 소중하니고 말하면서노 박상 자신의 삶에서는 가족을 뒷전으로 보내버리기 일쑤입니다. 가정은 하나님께서 친히 만드셨습니다(창 1:27-28). 하나님께서는 가족을 통하여 우리가 사랑하는 법을 배우고 사랑하며 살기를 원하셨습니다. 그런데 우리는 가족의 소중함에 대해 망각하고 살아갑니다. 또 가족에 대한 사랑을 표현하는 일을 부끄럽게 여깁니다. "표현하지 않는 사랑은 사랑이 아니다"라는 말이 있습니다. 당신의 가족을 더 섬세한 마음으로 살피시고 당신이 가진 사랑을 행동으로 보여 주십시오.

기도 : 화평케 하시는 하나님, 제 사랑을 가족에게 적극적으로 표현하게 해 주세요. 제 사랑이 그들을 치유하고 힘이 되게 해주세요.

오늘의 메모

9

September

예산 · 결산

내용 · 계획	예 산	결 산	비 고
수 입			
저축인출			
차입 (전월잔액)			
수입 합계			

	예 산	결 산	비 고
식비			
부식비			
주거관리비			
공과비			
생활용품			
의복비			
건강미용			
교육비			
문화 · 레저			
축하 · 경조			
저축 · 보험			
교통 · 통신			
기 타			
특별비			
저축 저축성예금			
요구불예금			
차입금 상환			
지출 합계			

현재 남은 돈	

9 September

	월요일		화요일		수요일	
	내용	금액	내용	금액	내용	금액
수 입						
수입합계						
식비						
주거관리비						
공 과 비						
생활용품						
의 복 비						
건강미용						
교 육 비						
문화·레저						
축하·경조						
저축·보험						
교통·통신						
기 타						
지출합계						
잔 액						

조개살 무침

◀ 재료

조갯살 200g, 풋마늘 80g

초고추장 : 고추장 2큰술. 식초 1큰술. 생강즙 1/2작은술. 설탕 1/2큰술. 다진 파 1큰술. 다진 마늘 1작은술. 통깨 1작은술

◀ 만들기

1. 조갯살을 깨끗이 씻어 끓는 물에 넣어 삶아 건진 후 물기를 꼭 짠다.
2. 풋마늘은 3㎝ 길이로 썰어 끓는 소금물에 넣어 살짝 데친 후 찬물에 헹궈 물기를 꼭 짠다.
3. 고추장에 식초, 생강즙, 설탕, 다진 파·마늘, 통깨로 초고추장을 만든다.
4. 조갯살과 풋마늘을 ③의 초고추장에 버무려 담는다. 풋마늘 대신 데친 냉이, 데친 잔 피, 데친 미나리 등을 이용해도 좋다.

내 마음을 주의 증거들에게 향하게 하시고 탐욕으로 향하지 말게 하소서. (시 119 : 36)

어린아이의 가장 큰 특징은 '자기 중심으로 세계를 본다' 는 것입니다. 그런데 어른들 가운데도 그런 사람들이 있습니다. 이런 사람은 몸은 다 성장하였지만 정신적으로는 아직 성장하지 못한 "어른애"라고 할 수 있습니다. 이기심의 다른 얼굴은 탐욕입니다. 다른 사람보다 자신이 더 많이 갖고 더 행복한 삶을 살아야 한다는 자기 중심적인 사고, 이것이 바로 탐욕인 것입니다. 오늘 성경 본문에서 시편 기자는 자기 마음이 이기심으로 향하지 않도록 주의 증거로 향하게 해 달라고 간구하고 있습니다. 우리 삶이 주님에게 몰두해 있다면 우리의 마음속에 탐욕이 싹틀 수없을 것입니다. 우리의 마음을 주님께 향하게 함으로써 영적인 어린아이를 벗어나십시오.

기도 : 아버지, 제 안의 더러운 욕심을 버리고 주님만 바라보며 살기를 원합니다. 주님을 향한 방향을 바로잡도록 도우소서.

오늘의 메모

목요일		금요일		토요일		주일			
내용	금액	내용	금액	내용	금액	내용	금액	주계	누계

누가 이 세상의 재물을 가지고 형제의 궁핍함을 보고도 도와 줄 마음을 닫으면 하나님의 사랑이 어찌 그 속에 거하겠느냐. (요일 3 : 17)

인류를 사랑하는 일보다 어려운 일은 내 이웃을 사랑하는 일입니다. 인류 전체를 사랑하는 일은 바로 내 옆의 사람을 사랑하는 일보다 감정적, 시간적인 부담이 덜합니다. 하지만 누군가를 사랑하기 위해서는 내가 가진 것을 구체적으로 나누어야 합니다. 우리가 진정으로 이웃을 도울 마음이 있다면 내 주위의 결식아동과 밥 한 그릇이라도 나눌 수 있어야 합니다. 주님께서는 우리에게 실천을 요구하십니다. 그것은 우리에게 육체적인 생명과 영적인 생명을 주신 이의 당연한 권리입니다. 우리가 주님께 받은 계명을 실천하기 전에는 아직 주님의 제자로 완성되었다고 할수 없습니다.

기도 : 아버지, 마음으로만이 아니라 일어나서 손을 내밀어서 주님께서 나에게 주신 사랑을 나누게 하소서.

잠언 6 : 6 ~ 8

게으른 자여 개미에게 가서 그가 하는 것을 보고 지혜를 얻으라 개미는 두령도 없고 감독자도 없고 통치자도 없으되 먹을 것을 여름 동안에 예비하며 추수 때에 양식을 모으느니라

9 September

◀ 김치떡국

◀ 재료

김치 200g, 흰떡 6C, 멸치 10개, 달걀 1개(大), 대파 1 뿌리, 다진 마늘 1큰술, 소금·후추

◀ 만들기

1. 김치는 속을 털어 내고 줄기 부분으로 잘게 썬다.
2. 멸치는 내장을 발라 손질하여 씻는다.
3. 마늘은 다지고, 대파는 어슷하게 썰고, 달걀은 풀어 놓는다.
4. 냄비에 김치와 멸치를 넣고 물을 부어 끓인다.
5. ④에 흰떡을 넣고 다진 마늘을 넣어 끓인다.
6. 떡이 익었으면 대파를 넣고, 소금·후추를 넣어 간을 맞춘 후 달걀을 풀어 끓인다.

	월요일		화요일		수요일	
	내용	금액	내용	금액	내용	금액
수 입						
수입합계						
식비						
주거관리비						
공 과 비						
생활용품						
의 복 비						
건강미용						
교 육 비						
문화·레저						
축하·경조						
저축·보험						
교통·통신						
기 타						
지출합계						
잔 액						

내 아들 솔로몬아 너는 네 아버지의 하나님을 알고 온전한 마음과 기쁜 뜻으로 섬길지어다. (대상 28 : 9)

본문은 다윗이 임종을 앞두고 나라를 솔로몬에게 물려주면서 한 유언의 일부입니다. 다윗은 자신이 가진 신앙의 유산이 솔로몬에게 전승되기를 원하였습니다. "네 아버지의 하나님을 알고"라는 말에는 이런 다윗의 마음이 잘 나타나 있습니다. 다윗은 솔로몬이 형통한 삶을 살기 원했으며 그리기 위해서는 히나님을 온전한 미음괴 기쁜 뜻으로 섬겨야 한다는 사실을 누구보다도 잘 알고 있었습니다. 당신의 아이에게 무엇을 물려줄 것인지 생각해 보십시오. 당신이 신앙을 가지고 있다는 사실은 아이에게 주신 하나님의 복입니다. 이 신앙의 유산이 잘 이어질 수 있도록 자신을 가꾸고 최선을 다하는 삶을 사십시오.

기도 : 아버지, 하나님을 아는 지식을 아이에게 유산으로 물려줄 수 있는 믿음의 사람이 되게 하옵소서.

오늘의 메모		

목요일		금요일		토요일		주일		주계	누계
내용	금액	내용	금액	내용	금액	내용	금액	주계	누계

내가 나 된 것은 하나님의 은혜로 된 것이니. (고전 15 : 10)

주님께서는 우리에게 "네 이웃을 네 몸과 같이 사랑하라"고 명하셨습니다. 이 말씀에는 우선 "나 자신을 사랑하라"는 내용이 전제되어 있습니다. 죄가 우리 안에 들어온 이후 우리는 우리 자신을 사랑하는 일조차 힘겹게 되어 버렸습니다. 우리 자신을 사랑할 수 있는 방법은 무엇일까요? 생활 속에서 실천할 수 있는 가장 쉬운 방법은 자신에 대해 부정적인 표현을 쓰지 않는 것입니다. "나는 서툴러", "난 못하니까…" 등의 표현을 쓴다면 당신의 표현대로 되기 쉽습니다. 또 자신을 다른 사람과 비교하지 마십시오. 하나님은 당신 그대로를 기뻐하십니다. 자신을 사랑하는 사람만이 이웃도 사랑할 수 있습니다. 하나님이 보시기에 아름다운 삶을 사십시오. 그럴 때 우리는 행복해지고 자신을 사랑할 수 있습니다.

기도 : 아버지, 하나님께서 나를 보시듯 나도 나 자신을 보고 싶습니다. 성령님을 의지하여 나의 약함을 극복하게 하시옵소서.

잠언 6 : 9～11

게으른 자여 네가 어느 때까지 누워 있겠느냐 네가 어느 때에 잠이 깨어 일어나겠느냐 좀더 자자, 좀더 졸자, 손을 모으고 좀더 누워 있자 하면 네 빈궁이 강도 같이 오며 네 곤핍이 군사 같이 이르리라

9 September

감자샐러드

◀ 재료

감자 300g, 만다린10개, 당근 50g, 달걀 1개, 체리 1개, 마요네즈 2TS, 상추 2잎, 파슬리 1잎, 파슬리가루 조금

◀ 만들기

1. 감자는 1cm정도로 네모 나게 썰어 소금물에 삶아 내서 차게 식힌다.

2. 당근도 감자와 같은 크기로 썰어 삶아 내어 식힌다.

3. 달걀은 15분 삶아 완숙을 하여 노른자와 흰자를 분리하여 흰자는 감자와 비슷한 크기로 썬다.

4. 파슬리는 곱게 다진 다음 가제에 싸서 물에 헹구어 물기를 꼭 짜서 파슬리 가루를 만든다.

5. 만다린(귤통조림)은 물기를 닦고, 귤이 나오는 계절에는 귤을 다듬어 사용해도 된다.

6. 오목한 그릇에 감자, 당근, 삶은 달걀, 만다린을 담고 마요네즈를 넣어 잘 혼합하여 소금, 후추로 양념을 한다.

7. 샐러드 접시에 상추를 깔고 ⑥의 감자 샐러드를 보기 좋게 담는다.

8. 샐러드 위에 만다린, 체리, 파슬리를 얹고 달걀 노른자를 체에 가루를 내어 파슬리 가루와 같이 뿌려 낸다.

	월요일		화요일		수요일	
	내용	금액	내용	금액	내용	금액
수 입						
수입합계						
식비						
주거관리비						
공 과 비						
생활용품						
의 복 비						
건강미용						
교 육 비						
문화·레저						
축하·경조						
저축·보험						
교통·통신						
기 타						
지출합계						
잔 액						

그러므로 모든 육체는 풀과 같고 그 모든 영광은 풀의 꽃과 같으니 풀은 마르고 꽃은 떨어지되.(벧전 1:24)

조화가 생화보다 아름답지 않은 이유를 아십니까. 그것은 지지 않는 꽃이기 때문입니다. 사람들은 아름답게 피었다가 속절없이 지는 꽃을 보며 애석해하지만, 지지 않는 조화에는 곧 싫증을 내고 맙니다. 생명이 없기 때문입니다. 모든 생명 있는 것은 질 때가 있습니다. 생명 있음으로 기쁨도 슬픔도 있습니다. 그로 인해 생명이 더욱 귀하고 아름다운 것입니다. 우리는 이미 영원한 생명을 얻었지만, 이 땅에서의 삶 역시 하나님께서 주신 것입니다. 살아 있음은 곧 축복입니다. 그것이 풀의 꽃과 같이 지나갈지라도 하나님이 주신 삶이므로 더없이 아름답고 소중합니다.

기도 : 주님이 주신 이 귀한 삶을 최선을 다해 살 수 있도록 도와주세요.

오늘의 메모

목요일		금요일		토요일		주일			
내용	금액	내용	금액	내용	금액	내용	금액	주계	누계

세월을 아끼라 때가 악하니라. (엡 5 : 16)

어떤 강사가 탁자 밑에서 항아리를 하나 꺼내더니 주먹만한 돌을 꺼내 항아리 속에 하나씩 넣기 시작하였습니다. 그리고 항아리가 가득 찼는지 물었습니다. 사람들은 이구동성으로 "예"라고 대답했습니다. 그러자 그는 다시 탁자 밑에서 모래주머니를 꺼냈습니다. 모래를 항아리에 넣어, 빈틈을 가득 채운 후에 "이 항아리가 가득 찼습니까?"라고 물었고 사람들은 "아니요."라고 대답했습니다. 그는 물을 꺼내서 항아리에 부었습니다. 그리고 나서 말했습니다. "이 실험의 교훈은 '만약 당신이 큰 돌을 먼저 넣지 않는다면, 영원히 큰 돌을 넣지 못할 것이다' 라는 것입니다." 인생의 큰 돌은 무엇일까요? 그것이 무엇이 되었든, 항아리에 가장 먼저 넣어야 한다는 것을 잊지 마십시오.

기도 : 하나님, 먼저 해야 할 일을 알게 하셔서 그 일부터 하기를 원합니다. 지혜를 주셔서 시간을 잘 사용할 수 있도록 도와주세요.

잠언 10 : 4~5

손을 게으르게 놀리는 자는 가난하게 되고 손이 부지런한 자는 부하게 되느니라 여름에 거두는 자는 지혜로운 아들이나 추수 때에 자는 자는 부끄러움을 끼치는 아들이니라

9 September

	월요일		화요일		수요일	
	내용	금액	내용	금액	내용	금액
수 입						
수입합계						
식비						
주거관리비						
공 과 비						
생활용품						
의 복 비						
건강미용						
교 육 비						
문화·레저						
축하·경조						
저축·보험						
교통·통신						
기 타						
지출합계						
잔 액						

오징어초회

◀ 재료
오징어 2마리, 오이, 양파 1/2개씩, 무 120g, 배 80g, 미나리 20g, 풋고추 2개, 굵은 파 1/2대, 식초, 설탕
양념장 : 고추장, 다진 마늘 1 큰술씩, 고춧가루, 식초 3큰술

◀ 만들기

1. 오징어는 껍질을 벗기고 몸통 겉쪽에 가로, 세로로 칼집을 넣은 다음 2.5cm 크기로 썰어 살짝 데친다.

2. 무는 굵게 채썰고, 오이는 어슷썰어 식초, 설탕, 소금에 절였다가 물기를 꼭 짠다.

3. 양파와 배는 굵게 채썰고, 미나리는 줄기만 다듬어 3cm 길이로 썬다.

4. 풋고추와 굵은 파는 어슷썬다.

5. 분량의 재료를 고루 섞은 양념장에 오징어와 야채를 넣고 고루 버무린 다음 소금으로 간을 맞춘다.

그런즉 너희 하나님 여호와께서 너희에게 명령하신 대로 너희는 삼가 행하여 좌로나 우로나 치우치지 말고. (신 5 : 32)
길게 다듬은 나무를 여러 쪽 둥글게 붙여서 만든 물통을 TV나 잡지를 통해 보신 적이 있을 것입니다. 거기에 물을 담기 위해서는 각각의 나무쪽들 높이가 모두 일정해야 합니다. 모든 나무쪽이 1m이더라도 한 나무쪽이 30cm이면 ┘ 물동에는 30cm의 물밖에 담을 수 없습니다. 우리의 경건 생활도 이 물통과 흡사한 면이 있습니다. 그런데 우리는 쉽게 "나는 성경을 많이 읽었으니 기도 생활은 좀 소홀히 해도 될 거야"라거나 "나는 사회적으로 훌륭한 일을 많이 하느라고 성경 읽는 시간이 부족해"라고 생각해 버립니다. 그러나 우리의 경건 생활을 이루고 있는 많은 요소 중 어느 것 하나도 중요하지 않은 것은 없습니다. 내가 가진 짧은 나무쪽이 무엇일까 생각해 보십시오.
기도 : 아버지, 제가 생활의 노예가 되는 것이 아니라 하나님께서 맡기신 시간을 슬기롭게 계획하고 이끌어나가는 선한 청지기가 되게 하옵소서.

오늘의 메모		

120

목요일		금요일		토요일		주일		주계	누계
내용	금액	내용	금액	내용	금액	내용	금액		

내 양은 내 음성을 들으며 나는 그들을 알며 그들은 나를 따르느니라. (요 10:27)

텔레비전을 시청하다가 갑자기 화면이 일그러지면 안테나를 조정하든지, 또는 텔레비전을 AS센터에 맡깁니다. 그 때문에 방송국에 항의를 하지는 않습니다. 그런데 신앙 생활 중에는 이와 비슷한 행동을 할 때가 있습니다. 하나님의 음성을 듣기 힘들 때, 혹은 하나님께서 내 곁에 계시다는 사실이 느껴지지 않을 때 그 탓을 하나님께 돌리는 것입니다. 그러나 그것은 당신이 하나님에 대한 예민함을 잃었기 때문일 수도 있습니다. 마음의 안테나를 조정하세요. 하나님의 음성에 귀기울일 수 있는 예민한 안테나를 갖는 것, 그것이 신앙의 기본입니다.

기도 : 아버지, 생활에 쫓기거나 나 자신에게 집중하느라 하나님의 음성에 귀 기울이는 데 소홀할 때가 있습니다. 항상 신앙의 예민함을 잃지 않고 살아가고 싶습니다. 늘 주님의 뜻이 무엇인가를 찾고 그 뜻에 따라 살도록 성령께서 도우소서.

잠언 11:24~25

흩어 구제하여도 더욱 부하게 되는 일이 있나니 과도히 아껴도 가난하게 될 뿐이니라 구제를 좋아하는 자는 풍족하여질 것이요 남을 윤택하게 하는 자는 자기도 윤택하여지리라

9 September

고등어자반찜

◀ 재료

고등어자반 1마리, 감자 200g, 청고추 1개, 홍고추 1개, 대파 1/3뿌리, 쌀뜨물 1/2컵

양념장: 청주 1큰술, 다진파 2큰술, 다진마늘 1큰술, 고춧가루 1큰술, 참기름 1작은술, 생강즙 1큰술, 후추 약간

◀ 만들기

1. 고등어자반은 쌀뜨물 또는 물에 담갔다가 짠 맛을 약간 없앤 다음 큼직하게 토막낸다.

2. 감자는 껍질을 벗기고 1cm 두께에 반달 모양으로 썬다.

3. 청·홍고추, 대파는 링으로 썬다.

4. 다진파, 마늘, 고춧가루, 생강즙, 후추, 청주, 참기름을 섞어 양념장을 만든다.

5. 냄비에 ②에 감자를 깔고 ①의 자반을 놓은 뒤 ④의 양념장을 끼얹고 쌀뜨물(물)을 부은 다음 뚜껑을 닫아 찜한다.

6. 그릇에 보기 좋게 담아 낸다.

		월요일		화요일		수요일	
		내용	금액	내용	금액	내용	금액
수 입							
수입합계							
식비							
주거관리비							
공 과 비							
생활용품							
의 복 비							
건강미용							
교 육 비							
문화·레저							
축하·경조							
저축·보험							
교통·통신							
기 타							
지출합계							
잔 액							

하나님이 우리에게 주신 것은 두려워하는 마음이 아니요, 오직 능력과 사랑과 절제하는 마음이니. (딤후1:7)

가끔은 내가 하고 있는 일이나 처한 위치가 큰 물통 속의 물 한 방울이나 거대한 숲 속의 풀 한 포기 정도로 하찮게 여겨질 때가 있습니다. 그러나 큰 물통을 채우고 있는 그 물도 한 방울씩의 물이 모여서 이루어졌다는 사실을 기억하십시오. 다른 사람과 나를 비교하는 것은 전진을 위한 자극이 될 때도 있지만 대개의 경우 일그러진 거울로 얼굴을 비추어보는 것처럼 자아상을 왜곡시킵니다. 하나님이 우리를 보시는 그 눈으로 우리 자신의 일을 바라보십시오. 주님이 만드신 피조물 중에 무의미한 것은 없습니다.

기도 : 아버지, 주께서 제게 맡기신 일을 사랑하게 하시고 최선을 다하게 하옵소서.

오늘의 메모

목요일		금요일		토요일		주일			
내용	금액	내용	금액	내용	금액	내용	금액	주계	누계

주린 자에게 네 심정을 동하며 괴로와하는 자의 마음을 만족케 하면⋯.(사 58 : 10)
"밀죽이라도 더 먹였더라면⋯. 먹지 못해 배만 불쑥 나오고 빼빼 말라 숨진 아들의 시신에 달라붙는 파리를 연방 손으로 쫓아내는 사피아는 이제 눈물조차 말라버렸다. 한 달 새에 딸 파도마와 아들 모하메드도 잃은 탓이다." 이것은 지구촌 한 켠에 존재하고 있는 에티오피아 남부 지역 난민촌에서 지금 일어나고 있는 참상입니다. 그들은 자신들을 기근과 질병에서 건져줄 구호의 손길을 애타게 기다리고 있습니다. 우리가 이들의 짐을 다 져줄 수는 없지만 이들을 위해 기도할 수 있으며, 도움을 줄 수 있는 방법을 찾아볼 수도 있습니다. 무엇보다 우리는 음식을 낭비하지 않는 태도를 가져야 합니다. 우리의 식탁을 다시 한 번 돌아보도록 합시다.
기도 : 하나님, 울부짖는 그들과 함께 하시고 너무나 풍족하게 살고 있는 우리의 마음과 물질을 열어 주십시오.

잠언 14 : 20~21
가난한 자는 이웃에게도 미움을 받게 되나 부요한 자는 친구가 많으니라 이웃을 업신여기는 자는 죄를 범하는 자요 빈곤한 자를 불쌍히 여기는 자는 복이 있는 자니라

9 September

새우완자탕

◀ 재료

쇠고기(양지머리) 200g, 콩나물 200g, 김치200g, 풋고추 2개, 홍고추 2개, 고춧가루 4TS, 다진 마늘 4ts, 다진 대파 4TS, 깨소금 4ts, 새우젓, 소금, 후추

◀ 만들기

1. 쇠고기는 양지머리로 통마늘을 넣고 푹 끓여 육수를 만들고, 고기는 건져 얇게 저며 썬다.(쇠고기 대신 잡뼈를 푹 끓여 뼈국물로 써도 좋다.)
2. 밥은 육수나 물을 붓고 고실고실하게 짓는다.
3. 콩나물은 꼬리를 떼고 소금을 넣고 살짝 삶는다.
4. 풋고추,홍고추는 배를 갈라 씨를 뺀 후 잘게 다지고 대파는 송송 썬다.
5. 익은 김치는 잘게 썬다.
6. 뚝배기에 밥을 담고 김치, 콩나물, 삶은 고기를 담고 ①의 육수를 붓는다.
7. ⑥에 풋고추, 홍고추, 대파, 다진 마늘, 깨소금, 고춧가루, 후추를 넣고 끓인다.
8. ⑦에 새우젓이나 소금으로 간을 맞춘다.

	월요일		화요일		수요일	
	내용	금액	내용	금액	내용	금액
수 입						
수입합계						
식비						
주거관리비						
공 과 비						
생활용품						
의 복 비						
건강미용						
교 육 비						
문화·레저						
축하·경조						
저축·보험						
교통·통신						
기 타						
지출합계						
잔 액						

아브라함은 시험을 받을 때에 믿음으로 이삭을 드렸으니 그는 약속들을 받은 자로되 그 외아들을 드렸느니라. (히 11 : 17)

잉태 사실을 알았던 순간부터 '자신의 목숨보다 더 우선하여 애지중지하며 기른 자식을 제물로 바치다니!' 피상적으로만 생각했던 아브라함이 고뇌가 이제는 피부로 와 닿을 것입니다. 더구나 아브라함에게 이삭은 언약의 자손이자, 그 언약을 성취해야 할 유일한 자식이었습니다. 진실한 믿음이 아니고는 모래알처럼 많은 자손을 주시겠다고 약속하신 하나님의 아들을 바치라는 그 명령을 순종할 수 없었을 것입니다. 만일 건강한 임신과 출산을 믿고 기도하는 중인데도 위험한 고비가 생긴다면 아브라함의 믿음을 떠올리십시오. 모든 일이 하나님 안에서 그 분의 뜻대로 되리라고 믿었던 아브라함의 믿음을 간구해야 합니다. 그것이 바로 참된 믿음이기 때문입니다.

기도 : 오직 주의 은혜만이 담대한 믿음을 가진 엄마와 아기를 만들 수 있음을 고백합니다. 주님의 강건한 팔로 붙들어 주십시오.

오늘의 메모

예산 · 결산

October **10**

내용 · 계획	예 산	결 산	비 고
수 입			
저축인출			
차입 (전월잔액)			
수입 합계			

	예 산	결 산	비 고
식비			
부식비			
주거관리비			
공과비			
생활용품			
의복비			
건강미용			
교육비			
문화 · 레저			
축하 · 경조			
저축 · 보험			
교통 · 통신			
기타			
특별비			
저축 저축성예금			
요구불예금			
차입금 상환			
지출 합계			

현재 남은 돈	

이달에 해야 할일

1	
2	
3	
4	
5	
6	
7	
8	
9	
10	
11	
12	
13	
14	
15	
16	
17	
18	
19	
20	
21	
22	
23	
24	
25	
26	
27	
28	
29	
30	
31	

10 October

찹쌀새우찜밥

◀ 재료

불린 찹쌀 3컵, 밤 5개, 새우 8마리, 햄 100g, 죽순 1개, 표고버섯 4장, 대파 1/2뿌리, 육수 1/2컵, 간장 2큰술, 조미술 2큰술, 소금, 참기름

◀ 만들기

1. 재료 손질하기 – 찹쌀은 씻어 불려 찌고, 밤은 삶아 놓는다. 새우는 내장을 손질하여 씻어 물기를 빼놓는다. 햄, 죽순, 표고버섯은 잘게 썰어 놓는다. 대파는 송송 썬다.

2. 참기름에 볶기 – 팬에 참기름을 살짝 두르고 송송 썬 대파를 넣어 볶다가 햄, 밤, 야채를 넣어 함께 볶는다.

3. 육수 간하기 – 육수에 간장, 조미술, 소금을 넣어 간을 맞추어 한소끔 끓인다.

4. 재료 섞기 – 쪄놓은 찰밥에 햄, 밤, 야채를 넣고 고루 잘 섞은 다음 육수를 붓고 참기름을 넣어 간을 맞춘다.

5. 찜통에 찌기 – 찜그릇에 간을 맞춘 밥을 담고 새우를 가지런히 얹어 찜통에 10분 정도 쪄낸다.

	월요일		화요일		수요일	
	내용	금액	내용	금액	내용	금액
수 입						
수입합계						
식비						
주거관리비						
공 과 비						
생활용품						
의 복 비						
건강미용						
교 육 비						
문화·레저						
축하·경조						
저축·보험						
교통·통신						
기 타						
지출합계						
잔 액						

…요나단의 사랑이 그를 다시 맹세하게 하였으니 이는 자기 생명을 사랑함같이 그를 사랑함이었더라
(삼상 20 : 17)

결혼하기만 하면 남편과 알콩달콩 잘 살 줄 알았는데 얼마 지나지 않은 시간인데도 남편의 존재가 귀찮아지고, 남편이 속상하게 할 때면 미워질 때가 있습니다. 요나단은 다윗을 자기 생명을 사랑함같이 사랑했습니다. 친구의 우정도 이러할진대 하나님이 맺어주신 부부의 관계는 어떠해야 하겠습니까? '사랑은 짧은 기억을 가지고 있다'는 말이 있습니다. 사랑은 계속 확인시켜주지 않거나 표현하지 않으면 시들어 간다는 뜻입니다. 그래서 사랑이 계속 탈 수 있도록 불을 지펴주어야 하는 것입니다. 남편을 위해 뭔가 특별한 것을 준비해 보십시오. 사랑의 감정을 다시 한번 되살릴 때입니다.

기도 : 하나님, 기억합니다. 서로 의지하며 보듬어주어야 할 우리인데 한결같은 맘으로 그렇게 하지 못했음을 고백합니다. 자기 생명같이 서로 사랑할 수 있도록 도와주십시오.

오늘의 메모

목요일		금요일		토요일		주일		주계	누계
내용	금액	내용	금액	내용	금액	내용	금액	주계	누계

사랑은 오래 참고 사랑은 온유하며 시기하지 아니하며 …(고전 13 : 4 ~ 7)

서로 사랑하는 사람들의 눈은 마술에 걸려 있습니다. 그래서 그에게 주는 것이라면 그 무엇도 아깝지 않고, 어떤 일도 힘들지 않습니다. 그러나 사랑의 마술은 유효기간이 있습니다. 인간의 사랑은 자기애를 초월하기 어렵기 때문입니다. "아름답지도 아니한, 그러면서도 매일의 양식이 되는 아내"라는 영국 시인 워즈워드의 노래처럼, 부부는 함께 있으므로 위안이 되며 힘이 되는 사람입니다. 낭만성의 잣대로 상대방의 사랑을 측정하려 하지 말고 아가페의 사랑으로 하나됨을 추구하십시오. 하나님의 사랑은 세월에 의해 퇴색되지 않으며, 시련으로 인해 더욱 강해집니다.

기도 : 하나님, 남편에 대한 사랑을 전할 수 있다면 우리 사랑의 고리는 더욱 단단해질 것입니다. 저에게 사랑을 표현할 수 있는 지혜를 주십시오.

잠언 15 : 16 ~ 17

가산이 적어도 여호와를 경외하는 것이 크게 **부**하고 번뇌하는 것보다 나으니라 채소를 먹으며 서로 사랑하는 것이 살진 소를 먹으며 서로 미워하는 것보다 나으니라

10 October

알 탕 ❶

◀ 재료

생선알 600g, 고니 600g, 모시조개 200g, 다시마(10cm) 1토막, 무 100g, 콩나물 100g, 미나리 30g, 대파 1/2뿌리, 무즙 2큰술, 양파즙 2큰술, 고춧가루 2큰술, 갖은 양념

◀ 만들기

1. 재료 손질하기

   모시조개는 소금물에 하룻밤 담가 해감을 제거한 후 잘 씻어 건진다. 생선알과 고니는 깨끗이 씻는다. 무는 납작하게 썰고, 콩나물은 머리와 꼬리를 손질한다. 미나리는 다듬어 썰고, 대파는 어슷썬다.

2. 국물내기

   냄비에 모시조개와 다시마를 끓여 조개는 건져내고 국물은 맑게 걸러 놓는다.

3. 양념장 만들기

   국물(3컵)에 무즙, 양파즙, 고춧가루, 다진 마늘, 생강, 국간장, 조미술을 넣어 양념장을 만든다.

4. 끓이기

   냄비에 준비한 재료와 조개를 넣고 양념장을 넣은 다음 국물을 붓고 끓이다가 소금과 후추로 간한다.

	월요일		화요일		수요일	
	내용	금액	내용	금액	내용	금액
수 입						
수입합계						
식비						
주거관리비						
공 과 비						
생활용품						
의 복 비						
건강미용						
교 육 비						
문화·레저						
축하·경조						
저축·보험						
교통·통신						
기 타						
지출합계						
잔 액						

사람이 자기 집을 다스릴 줄 알지 못하면 어찌 하나님의 교회를 돌보리요. (딤전 3 : 5)

간혹 교회일은 중요하지만 가정은 믿음을 시험하는 걸림돌로 여기는 사람들이 있습니다. 하나님은 교회보다 가정을 먼저 창조하셨습니다. 아담과 하와를 지으시고 두 사람을 '가족'으로 있게 했기 때문입니다. 가정이 교회의 활동을 가로막는 우상이나 걸림돌이 되어서도 안 뇌겠시만, 교회일을 내세워 가정을 소홀히 해서도 안 됩니다. 교회의 주인이 하나님이듯이 가정의 중심 역시 하나님이시기 때문입니다. 하나님 나라는 가정에서부터 실현되어야 합니다. 교회에서 각 지체들이 일을 나누어 맡듯이 가정에서도 자신이 져야 할 짐을 상대방에게 떠넘기지 말고 서로의 일을 도와 함께 나누십시오. 그것이 함께 천국을 누리며 복음에 봉사하는 방법입니다.

기도 : 하나님, 저와 남편이 집안 일을 나눔으로써 교회의 지체로서도 함께 일할 수 있도록 도와주십시오.

오늘의 메모		

목요일		금요일		토요일		주일			
내용	금액	내용	금액	내용	금액	내용	금액	주계	누계

그리스도를 경외함으로 피차 복종하라. (엡 5:21)

피차에 복종하는 것은 한 사람의 권위에 일방적으로 복종하는 것과 다릅니다. 부부는 서로 맞물려 돌아가야만 제 역할을 찾고 가치를 얻을 수 있는 두 개의 톱니바퀴와 같습니다. 두 개가 서로 맞물려 돌아가려면, 바퀴의 면은 적당한 요철을 만들어가며 부드럽게 깎여야 합니다. 그러기 위해서는 오래 참음과 희생과 피차에 복종함이 필요합니다. 복종과 희생만이 서로에게 상처를 내지 않고도 완강하게 닫힌 마음을 누그러뜨리며 부드러운 곡선을 만들지 때문입니다. 복종은 자신을 성숙하게 하고, 상대를 온전하게 만듭니다. 둘이 한 몸을 이루었으니 피차 복종함으로 그리스도 안에서의 조화를 이루십시오.

기도 : 하나님, 남편과 제가 피차에 복종하므로 온전함에 이를 수 있도록 도와주십시오. 남편도 같은 마음을 품어 함께 훈련할 수 있도록 인도해 주십시오.

잠언 19:6~7

너그러운 사람에게는 은혜를 구하는 자가 많고 선물 주기를 좋아하는 자에게는 사람마다 친구가 되느니라 가난한 자는 그의 형제들에게도 미움을 받거든 하물며 친구야 그를 멀리 하지 아니하겠느냐 따라가며 말하려 할지라도 그들이 없어졌으리라

10 October

	월요일		화요일		수요일	
	내용	금액	내용	금액	내용	금액
수 입						
수입합계						
식비						
주거관리비						
공 과 비						
생활용품						
의 복 비						
건강미용						
교 육 비						
문화・레저						
축하・경조						
저축・보험						
교통・통신						
기 타						
지출합계						
잔 액						

알 탕 ❷

◀ 재 료
명란(中) 9개, 곤이 400g, 굵은 파 1뿌리, 양파 1/2개, 느타리버섯 3개, 쑥갓・미나리 약간씩, 고추장・고춧가루 각 1큰술, 다진마늘 1/2큰술, 소금・후춧가루 약간씩

◀ 만들기
❶ 찬물에 소금을 조금 넣고 명란과 곤이를 넣는다. 찬물에 처음부터 넣고 끓여야 재료 특유의 맛이 그대로 국물에 우러나게 된다.

❷ 국물이 팔팔 끓을 때 고춧가루를 먼저 넣고 고추장을 푼다. 고추장을 사용하면 국물이 얼큰하면서 구수해진다.

❸ 다시 한번 끓어오르면 준비해 둔 채소를 굵은 파, 양파, 느타리버섯을 넣고 잠시 끓인다.

❹ 알맞게 익었을 때 미나리, 쑥갓을 넣고 완전히 익힌 뒤 다진 마늘과 후춧가루로 맛을 낸다.

맛내기 조리 포인트
※ 명란은 동태가 아닌 생태 알로 끓여야 제맛이 나며, 무엇보다도 선도 높은 알을 구입하는 것이 감칠맛을 낼 수 있다.
명란은 선명한 빨간색, 곤이는 부드러운 유유빛을 띠면서 울퉁불퉁한 모양이 분명해야 신선하다.

※ 시금치, 파, 상추, 부추같은 푸른색 잎채소는 대부분 탄력있어 보이고 색이 선명하게 푸르며 상한데가 없는 것이 좋으며 줄기가 굵고 뻣뻣해 보이는 것은 피하도록 한다.
채소의 푸른색을 살리려면 소금물에 살짝 데쳐서 조리하거나 맨 마지막의 조리 과정에 넣으면 된다.

…순종이 제사보다 낫고 듣는 것이 숫양의 기름보다 나으니. (삼상 15 : 22)
하나님께서 우리에게 원하시고 명령하시는 것이 우리의 생각과 잘 맞지 않을 때가 있습니다. 노아와 마리아가 그 대표적인 예입니다. 노아는 미치광이 건축자로, 마리아는 정결치 못한 여인으로 손가락질을 받아야 했지만 이들 뒤에는 하나님의 원대한 계획이 실려 있었습니다. 그 결과 노아는 새로운 역사를 시작하는 사람이 되었으며 마리아는 예수님의 어머니가 되었습니다. 자신이 원하지 않은 상황, 어쨌든 피하고만 싶은 결과에 순종해야 할 때는 두렵고 괴롭습니다. 그 일에 순종하는 대신 다른 어떤 것으로 대치하고 싶은 마음이 간절할 것입니다. 그러나 하나님께서는 어떤 향기로운 제사보다 하나님의 말씀에 묵묵히 순종하는 것을 귀하게 여기십니다. 바로 그 순종이 하나님의 계획과 역사를 실현시키는 주춧돌이 될지도 모릅니다.
기도 : 하나님, 중심을 잃지 않고 담대하게 순종하는 삶을 살기 원합니다.

오늘의 메모

목요일		금요일		토요일		주일		주계	누계
내용	금액	내용	금액	내용	금액	내용	금액	주계	누계

이러므로 그들의 열매로 그들을 알리라.(마 7:20)

방 안에 쓰레기가 있다고 상상해 보십시오. 아마 처음에는 인상을 찌푸리며 코를 쥘 것입니다. 그러나 그 곁에서 한참을 있다 보면 그 냄새에 익숙해져서 아무것도 느낄 수 없게 되어버립니다. 그렇지만 갑자기 문을 열고 어떤 사람이 방으로 들어왔다면 둔감한 나와는 달리 그 사람은 냄새에 아주 민감한 반응을 보일 것입니다. 우리 삶도 이와 마찬가지입니다. 자신의 삶이 어떤 모습인지 스스로 알아채기가 힘듭니다. 그것에 너무 익숙해져 있기 때문이지요. 그러나 우리를 바라보는 다른 사람들은 우리의 삶에 대해 민감한 반응을 보이고 평가합니다. 그들은 우리의 삶을 보고 우리의 아버지를 평가할 것입니다. 당신은 그리스도의 향기 나는 삶을 살고 계십니까?

기도 : 아버지, 생의 우선순위를 아버지께 두고 아버지께 영광 돌리는 삶이기를 원합니다. 주님의 마음에 합당한 열매를 맺게 하옵소서.

잠언 22:1~2

많은 재물보다 명예를 택할 것이요 은이나 금보다 은총을 더욱 택할 것이니라 가난한 자와 부한 자가 함께 살거니와 그 모두를 지으신 이는 여호와시니라

10 October

	월요일		화요일		수요일	
	내용	금액	내용	금액	내용	금액
수 입						
수입합계						
식비						
주거관리비						
공 과 비						
생활용품						
의 복 비						
건강미용						
교 육 비						
문화 • 레저						
축하 • 경조						
저축 • 보험						
교통 • 통신						
기 타						
지출합계						
잔 액						

라면맑은탕

◀ 재 료

라면 3인분, 쑥갓 약간, 실파 3뿌리, 데친 당근 30g, 팽이버섯 1봉지, 달걀말이, 잘게 썬 대파 약간, 라면국물(다시마물 4컵, 청주 1큰술, 간장 1큰술, 소금 약간)

◀ 만들기

1. 팽이버섯은 밑동을 잘라 내고 가닥을 분리한다.

2. 쑥갓은 깨끗하게 씻어 팽이버섯과 같은 길이로 썰고, 실파도 다듬어서 같은 길이로 썬다.

3. 데친 당근은 꽃모양으로 얇게 저며 썰고 싶파는 7cm길이로 잘라 반으로 갈라 썬다.

4. 라면은 끓는 물에 고들하게 삶아 찬물에 헹구어 낸다.

5. 라면국물을 만들어 끓을 때 ④의 라면과 당근, 팽이버섯, 실파를 넣고 한 소끔 끓인다.

6. ⑤의 라면에 달걀말이 썬 것과 잘게 썬 대파, 쑥갓을 올려 장식한다.

※ 라면맑은탕은 라면을 그냥 끓일 때보다 칼로리를 줄일 수 있는 조리법이며 시원한 라면 국물맛을 즐길 수 있는 독특한 라면 메뉴이다.

…아버지가 그를 보고 측은히 여겨 달려가 목을 안고 입을 맞추니. (눅 15 : 20)

"나는 너를 안다. 내가 너를 지었다. 나는 네가 어머니의 태 속에 있을 때부터 너를 사랑했다. 너는 한때 나를 버리고 도망갔다. 그럼에도 불구하고 나는 너를 사랑한다. 너는 스스로 볼 수 있는 것보다 속사람이 훨씬 더 아름답다. 왜냐하면 오직 너뿐인 그 독특한 인격으로서의 너 자신을 통하여 이미 영원히 없어지지 않는 방식으로 나의 거룩함의 아름다움이 조금씩 흘러나오고 있기 때문이다. 오직 나만이 앞으로 나타날 너의 아름다움을 보고 있기 때문에 아름답다. 약함 중에서 온전해지는 내 사랑의 능력을 통해 너는 완벽하게 아름다워질 것이다. 그것은 너 혼자서 하는 일도 아니고 나 혼자서 하는 일도 아니며, 너와 내가 함께 해나가는 일인 것이다."

–『거짓의 사람들』 중에서

기도 : 하나님, 주께서 나의 모든 것을 사랑하심을 잊지 않게 하소서.

오늘의 메모

목요일		금요일		토요일		주일			
내용	금액	내용	금액	내용	금액	내용	금액	주계	누계

…너희 원수를 사랑하며 너희를 미워하는 자를 선대하며. (눅 6 : 27)

마땅히 사랑해야 할 사람을 사랑하는 것도 힘이 드는데, 나를 해하고 괴롭히며 미워하는 사람을 선하게 대하고 사랑하라는 것은 거의 실행 불가능한 명령처럼 들립니다. 그래서 많은 그리스도인들은 이 말씀을 눈길 한 번 가지 않는 오래된 표어처럼 대합니다. 새로운 피조물로 거듭나는 데는 하나님의 은혜가 필요하지만, 적극적인 사랑을 실천하기 위해서는 자기 정화의 과정이 필요합니다. 사람이 하나님의 은혜로 말미암아 원수를 진심으로 사랑할 수 있을 때까지 자신을 정화해 나가야 합니다. 그 후에 비로소 아름다운 일이 벌어지기 시작합니다. 원수를 사랑함으로 진정으로 거듭나는 사람이 되며, 그 사랑이 찬란한 빛을 발해 다른 사람들을 거듭나게 할 수 있기 때문입니다.

기도 : 주님, 저의 거듭남이 구체적인 상황들에서 확인될 수 있도록 도와 주십시오.

잠언 29 : 13~14

가난한 자와 포학한 자가 섞여 살거니와 여호와께서는 그 모두의 눈에 빛을 주시느니라 왕이 가난한 자를 성실히 신원하면 그의 왕위가 영원히 견고하리라

10 October

닭찜

◀ 재료

닭 2Kg, 감자 100g, 당근 100g, 양파 3개(中), 대파 1/2뿌리, 달걀 1개, 간장 3/4컵, 설탕 4큰술, 다진파 3큰술, 다진마늘 3큰술, 생강즙 2큰술, 청주 3큰술, 깨소금, 후추, 참기름

◀ 만들기

1. 닭은 깨끗이 손질하여 씻어서 5cm 정도로 네모지게 토막 낸다.
2. 감자는 껍질을 벗겨서 밤알 정도의 크기로 썰어 모서리를 다듬는다.
3. 당근도 깨끗이 씻어서 감자와 같이 썬다.
4. 양파는 채로 6~8등분 한다. 대파도 3cm로 썬다.
5. 간장에 설탕, 다진파, 마늘, 생강즙, 깨소금, 후추, 참기름을 넣어 양념장을 만든다.
6. 냄비에 토막낸 닭을 넣고 물은 자작하게 부어서 익히다 거품을 걷고 양념장을 반정도 넣어서 끓인다.
7. 닭이 반쯤 익었을 때 감자, 당근, 양파, 대파를 넣고 익히면서 나머지 양념장을 더 부어 천천히 중불에서 윤기나게 익힌다.
8. 닭찜이 완성되면 찜그릇에 보기 좋게 담고 그 위에 달걀지단을 고명으로 얹는다.

	월요일		화요일		수요일	
	내용	금액	내용	금액	내용	금액
수 입						
수입합계						
식비						
주거관리비						
공 과 비						
생활용품						
의 복 비						
건강미용						
교 육 비						
문화·레저						
축하·경조						
저축·보험						
교통·통신						
기 타						
지출합계						
잔 액						

내가 예수 그리스도의 심장으로 너희 무리를 얼마나 사모하는지···. (빌 1:8)

하나님께서는 단 한 순간도 그의 자녀에게로 향한 눈을 떼지 않고 계십니다. 기쁨에 싸여 웃을 때에는 흐뭇한 미소를 띤 얼굴로, 괴로움 가운데 있을 때에는 함께 고통스러워하시며, 하나님께서는 지금 당신이 아기를 품은 그 사모의 마음으로 사랑하고 계십니다. 그렇다면 당신이 하나님을 사모함은 이떻습니까. 가족이 이닌 디른 사람의 영혼을 예수 그리스도의 심장으로 사모하며, 그들을 위하여 기도한 적이 있습니까. 자식을 향한 내리사랑은 누구나 할 수 있는 사랑입니다. 그러나 우리 믿는 자들의 사랑은 십자가의 빛처럼 위로는 하나님을 향해 흐르고 옆으로는 이웃에게 넓혀져야 합니다. 하나님께서 그 사랑의 증인이 되시며, 바로 그 가운데 하나님의 나라가 임할 것입니다.

기도 : 하나님, 아기를 통해 하나님께 더욱 가까이 가게 하시고 주변을 돌아보는 주의 마음을 닮게 하십시오.

오늘의 메모

목요일		금요일		토요일		주일			
내용	금액	내용	금액	내용	금액	내용	금액	주계	누계

주 안에서 항상 기뻐하라 내가 다시 말하노니 기뻐하라.(빌 4:4)

성경은 강한 어조의 '명령' 형으로 '기뻐하라'고 합니다. 무슨 특별한 사건이 생겼거나 기뻐할 만한 이유가 있어서 기뻐하라는 것이 아닙니다. 왜냐하면 하나님으로 인해 얻는 기쁨이기 때문입니다. 바울이 이 글을 썼을 때는 기쁨과는 거리가 먼 상황에 처해 있었습니다. 사형되기 직전 감옥에서 쓴 편지였기 때문입니다. 그럼에도 불구하고 바울이 기뻐하라고 말할 수 있었던 것은 그가 영적 전쟁에서 승리를 확신했기 때문이었습니다. 그의 육신은 갇혀 있었지만 그의 믿음과 소망과 기쁨까지 결박할 수는 없었던 것입니다. 세상이 주는 기쁨은 물질이나 상황의 변화나 감정의 동요에 의한 것이지만, 하나님이 주시는 기쁨은 영적 기쁨입니다. 이 기쁨은 사라지지 않는 기쁨이며, 그 누구도 빼앗아갈 수 없습니다.
기도 : 하나님, 하나님으로 인한 저의 기쁨을 더욱 견고하게 하시고 그로 인하여 우리 아기도 기쁨에 친숙하게 해 주십시오.

잠언 9:7~8

거만한 자를 징계하는 자는 도리어 능욕을 받고 악인을 책망하는 자는 도리어 흠이 잡히느니라 거만한 자를 책망하지 말라 그가 너를 미워할까 두려우니라 지혜 있는 자를 책망하라 그가 너를 사랑하리라

10 October

오이소박이

◀ 재 료

오이(조선오이 가는 것)4개, 소금2큰술, 부추100g, 다진파1큰술, 다진마늘1작은술, 생강1/2작은술, 고춧가루1/2컵, 통깨1작은술

◀ 만들기

1. 오이는 통째로 소금으로 문질러서 깨끗이 씻는다.

2. 씻은 오이는 5cm 길이로 토막낸다.

3. 오이의 양끝을 1cm씩 남기고 열십자(十) 또는 세갈래로 칼집을 넣어 소금물에 절인다.

4. 부추는 다듬어 5mm 길이로 썬다.

5. 파의 흰부분, 마늘, 생강을 곱게 다진다.

6. 고춧가루, 소금, 다진파, 다진마늘, 다진생강, 부추, 통깨를 넣어 비무려서 소를 만든다.

7. 절인 오이를 물기에 짜고 칼집 사이에 소를 고루 채워 넣어 준다.

8. 그릇에 완성된 오이 소박이를 담는다.

9. 소를 버무린 그릇에 물을 부어 양념을 씻은 후 소금물을 타서 오이소박이 위에 붓는다. 오이는 연한 소금물에 절여야 간이 골고루 잘들어요.

		월요일		화요일		수요일	
		내용	금액	내용	금액	내용	금액
수 입							
수입합계							
식비							
주거관리비							
공 과 비							
생활용품							
의 복 비							
건강미용							
교 육 비							
문화・레저							
축하・경조							
저축・보험							
교통・통신							
기 타							
지출합계							
잔 액							

그들은 사람의 영광을 하나님의 영광보다 더 사랑하였더라. (요 12 : 43)

우리는 믿음의 연한은 깊어지는데도 불구하고 사람보다 하나님을 더 사랑하는 것이 얼마나 어려운지를 절실히 깨닫곤 합니다. 예수님은 사람의 영광보다 하나님의 영광을 더 사랑하셨습니다. "최고경영자 예수"를 쓴 존스는 그 이유를 '내면의 닻' 때문이라고 밀합니다. 예수님의 내면의 닻은 오직 하나님의 영광에 내려져 있었습니다. 그로 인하여 다른 사람들의 시선을 개의치 않았으며, 오로지 진리의 길을 걸을 수 있었습니다. 다른 사람들이 쉽고 편안하고 화려한 길로 달려갈 때도, 하나님의 영광을 위해 걷는 좁은 길에서 흔들리지 않게 해 주는 것이 바로 내면의 닻입니다. 그것은 사람들이 원하는 곳이 아니라 하나님께서 지시한 곳에 내리는 닻입니다. 예수님의 닻은 언제나그 곳에 내려져 있었습니다. 지금 당신의 내면의 닻은 어디에 내려져 있습니까.

기도 : 하나님, 제 내면의 닻이 하나님을 향해 중심을 지킬 수 있도록 붙들어 주십시오.

오늘의 메모

예산 · 결산

내용 · 계획	예 산	결 산	비 고
수 입			
저축인출			
차입 (전월잔액)			
수입 합계			

	예 산	결 산	비 고
식비			
부식비			
주거관리비			
공과비			
생활용품			
의복비			
건강미용			
교육비			
문화 · 레저			
축하 · 경조			
저축 · 보험			
교통 · 통신			
기 타			
특별비			
저축 저축성예금			
요구불예금			
차입금 상환			
지출 합계			
현재 남은 돈			

1	
2	
3	
4	
5	
6	
7	
8	
9	
10	
11	
12	
13	
14	
15	
16	
17	
18	
19	
20	
21	
22	
23	
24	
25	
26	
27	
28	
29	
30	

11 November

어묵 전골

◀ 재료

종합어묵 200g, 무 150g, 당근 1/3개, 달걀 2개, 은행 4개, 쑥갓 1잎, 꼬지, 멸치, 다시마, 소금, 후추, 와사비, 간장

◀ 만들기

1. 멸치는 찬물에 다시마와 같이 넣고 서서히 끓이다가 다 끓으면 다시마는 건지고 불을 끈 다음 20분후에 가제로 걸러 국물을 준비한다.

2. 무는 큼직하게 설어 살짝 삶고 달걀도 반완숙으로 굴려가며 삶은 후 껍질을 벗긴다.

3. 은행은 팬에 식용유를 넣고 중불에서 볶으면서 소금으로 간하여 뜨거울 때 껍질을 벗긴 뒤 꼬치에 꽂는다.

4. 각종 어묵은 꼬치에 보기 좋게 꽂는다.

5. ①의 국물에 간장, 맛술을 넣고 ②의 재료를 넣어 색이 날 때까지 은근히 끓여서 소금, 후추로 간한다.

6. 당근은 꽃 모양으로 만들어 삶아 낸다.

7. 와사비는 찬물에 개어 모양을 만들고 간장을 붓는다.

8. ⑤의 국물에 준비한 재료를 넣어 끓인 후 ⑦의 와사비 간장에 찍어 먹는다.

	월요일		화요일		수요일	
	내용	금액	내용	금액	내용	금액
수 입						
수입합계						
식비						
주거관리비						
공 과 비						
생활용품						
의 복 비						
건강미용						
교 육 비						
문화·레저						
축하·경조						
저축·보험						
교통·통신						
기 타						
지출합계						
잔 액						

…요한의 제자는 자주 금식하며 기도하고 바리새인의 제자들도 또한 그리하되 당신의 제자들은 먹고 마시나이다. (눅 5:33)

예수님은 자신의 식욕을 감추거나 제자들에게 금식을 강요하지 않았습니다. 오히려 그분은 탐식가였으며 포도주를 즐기는 사람이었습니다(마 11:19). 예수님께서는 금욕힘으로 천국에 이르거나 금식으로 선을 이룬다고 말씀하시지 않았습니다. 그 대신 가난한 자들, 핍박받는 자들과 어울려 즐거움을 나누셨습니다. 함께 먹고 마시면서 즐거움을 누리는 것은 사람 사이의 벽을 허물고 강한 형제애를 갖게 해 줍니다. 다만 욕망은 한계가 없고 극한으로 치닫기 쉬우므로 절제라는 제동 장치가 필요한 것입니다. 주님께서는 우리에게 주어진 시간들을 즐겁게 살기를, 그 즐거움을 이웃과 함께 나누기를 원합니다.

기도 : 하나님, 함께 먹고 마시는 자리에 기꺼이 참예하고, 우리집 식탁을 나눔의 자리로 마련할 수 있는 넉넉한 마음을 허락해 주십시오.

오늘의 메모

목요일		금요일		토요일		주일			
내용	금액	내용	금액	내용	금액	내용	금액	주계	누계

또 천국은 마치 좋은 진주를 구하는 장사와 같으니 … 자기의 소유를 다 팔아 그 진주를 사느니라. (마 13 : 45~46)
진주 하나를 사기 위해 자신이 가진 소유를 다 팔아야 하다니, 천국을 소유하기 위해서는 너무 많은 대가를 지불해야 하는 것 같습니다. 그런데 주의해서 보면, 진주를 구했던 사람은 그냥 평범한 사람이 아니라 보석의 가치를 잘 아는 보석 장사였습니다. 그래서 진주 하나와 모든 소유를 기꺼이 바꿀 수 있었던 것입니다. 진정으로 천국을 소유하기 위해서는, 세상의 다른 야망을 기꺼이 포기할 수 있어야 합니다. 여기에는 망설임과 갈등이 없을 수 없습니다. 그러나 천국을 위해 이 세상의 보화를 포기하는 것은 결코 모든 것을 잃는 것이 아닙니다. 이것들은 모두 예수 그리스도께 속해 있기 때문입니다.
기도 : 하나님, 제가 천국보다 세상을 더 사랑하지 않도록 붙들어 주십시오. 아기에게도 이 땅의 재산이 아니라 천국의 소망을 물려주기 원합니다.

잠언 16 : 18~19
교만은 패망의 선봉이요 거만한 마음은 넘어짐의 앞잡이니라 겸손한 자와 함께 하여 마음을 낮추는 것이 교만한 자와 함께 하여 탈취물을 나누는 것보다 나으니라

복어국

◀ 재료

통북어 1마리, 두부 100g, 콩나물 100g, 무 5cm 1토막, 붉은고추 $\frac{1}{2}$개, 대파 $\frac{1}{3}$뿌리, 다진 마늘 1큰술, 참기름 1작은술, 소금 약간, 후추 약간

◀ 만들기

1. 통북어 머리를 떼고 물에 불려 부드러워지면 2쪽으로 포를 뜬 후 뼈를 발라낸 다음 먹기 좋게 토막을 낸다.

2. 두부는 손가락 굵기로 썰고, 콩나물은 꼬리를 잘라 준비한다.

3. 붉은고추, 대파는 너무 작지 않게 어슷썰기 한다.

4. 떼어 둔 북어 머리와 다시마를 넣고 끓여 국물을 만든다.

5. 참기름을 약간 두른 후 포떠서 잘라 둔 북어를 넣고 볶다가 국물을 붓고 나머지 재료를 넣어 뚜껑을 닫은 뒤 끓인다.

		월요일		화요일		수요일	
		내용	금액	내용	금액	내용	금액
수 입							
수입합계							
식비							
주거관리비							
공 과 비							
생활용품							
의 복 비							
건강미용							
교 육 비							
문화・레저							
축하・경조							
저축・보험							
교통・통신							
기 타							
지출합계							
잔 액							

경우에 합당한 말은 아로새긴 은 쟁반에 금 사과니라. (잠 25 : 11)

말의 위력은 아무리 강조해도 지나치지 않습니다. 같은 말이라도 어떤 때에 쓰이느냐에 따라 사람을 살리기도 하고 죽이기도 합니다. 상대에 대한 배려 없이 무심결에 혹은 분노에 차서 나오는 말은 다른 사람의 마음에 상처를 주기 쉽습니다. 반대로 어려움에 빠진 사람에게 주는 위로와 격려가 발휘하는 힘은, 평생 잊지 못할 감동으로 새겨지고, 차디찬 마음의 응어리를 녹여줍니다. 다윗은 말의 위력을 잘 아는 사람이었습니다. 그래서 자기 입술에 파수꾼을 세워 달라고 기도했습니다(시 141:3). 이제 엄마가 되는 당신의 입술에 파수꾼을 세우십시오. 태내에서부터 좋은 말, 긍정적인 말, 아름다운말을 듣고 자란 아이는 태어나서도 자기가 들은 그대로 말할 것입니다.

기도 : 하나님, 제가 무심코 던진 말 때문에 상처 입은 사람이 있다면 그를 위로해 주시고 제가 진심으로 사과할 수 있게 해 주십시오. 그리고 이제는 말을 선하고 지혜로운 도구로 사용할 수 있도록 제 입술을 지켜 주십시오.

오늘의 메모

	목요일		금요일		토요일		주일		
내용	금액	내용	금액	내용	금액	내용	금액	주계	누계

…겨자씨 한 알 같으니 자라 나무가 되어 공중의 새들이 그 가지에 깃들였느니라.(눅 13 : 19)

비교의식은 선하게 사용되면 성장이 밑거름이 되지만 많은 경우에는 자신의 내면을 멍들게 합니다. 우리는 아직 새들이 깃들 만한 아름드리 나무가 아니라 주님 안에 뿌리를 내린 작은 씨앗입니다. 사람은 그 삶이 온전히 완성되기 전까지는 진정한 자신이라고 할 수 없습니다. 이 완성은 겨자씨처럼 작은 우리 자신이 예수 그리스도 안에서 그의 장성한 분량까지 커나가는 것입니다. 마치 작은 세포로 시작된 아기가 온전하게 자라 성인으로 성장하는 것처럼 말입니다. 자신의 성장이 함께 뿌려진 다른 씨앗들에 비해 늦는 것처럼 보인다 할지라도, 아직 완성되지 않은 존재로서의 여유를 가지십시오.

기도 : 하나님, 다른 사람과 나 자신을 비교해서 초조함에 빠질수록 주께서 정하신 때를 바라보며 스스로를 가꿀 수 있도록 힘을 주십시오.

잠언 4 : 23 ~ 24

모든 지킬 만한 것 중에 더욱 네 마음을 지기라 생명의 근원이 이에서 남이니라 구부러진 말을 네 입에서 버리며 비뚤어진 말을 네 입술에서 멀리 하라

11 November

<table>
<tr><th rowspan="2"></th><th colspan="2">월요일</th><th colspan="2">화요일</th><th colspan="2">수요일</th></tr>
<tr><th>내용</th><th>금액</th><th>내용</th><th>금액</th><th>내용</th><th>금액</th></tr>
<tr><td>수 입</td><td></td><td></td><td></td><td></td><td></td><td></td></tr>
<tr><td>수입합계</td><td></td><td></td><td></td><td></td><td></td><td></td></tr>
<tr><td>식비</td><td></td><td></td><td></td><td></td><td></td><td></td></tr>
<tr><td>주거관리비</td><td></td><td></td><td></td><td></td><td></td><td></td></tr>
<tr><td>공 과 비</td><td></td><td></td><td></td><td></td><td></td><td></td></tr>
<tr><td>생활용품</td><td></td><td></td><td></td><td></td><td></td><td></td></tr>
<tr><td>의 복 비</td><td></td><td></td><td></td><td></td><td></td><td></td></tr>
<tr><td>건강미용</td><td></td><td></td><td></td><td></td><td></td><td></td></tr>
<tr><td>교 육 비</td><td></td><td></td><td></td><td></td><td></td><td></td></tr>
<tr><td>문화•레저</td><td></td><td></td><td></td><td></td><td></td><td></td></tr>
<tr><td>축하•경조</td><td></td><td></td><td></td><td></td><td></td><td></td></tr>
<tr><td>저축•보험</td><td></td><td></td><td></td><td></td><td></td><td></td></tr>
<tr><td>교통•통신</td><td></td><td></td><td></td><td></td><td></td><td></td></tr>
<tr><td>기 타</td><td></td><td></td><td></td><td></td><td></td><td></td></tr>
<tr><td>지출합계</td><td></td><td></td><td></td><td></td><td></td><td></td></tr>
<tr><td>잔 액</td><td></td><td></td><td></td><td></td><td></td><td></td></tr>
</table>

송이전골

◀ 재료

송이버섯 200g, 쇠고기 200g, 양파 1개, 미나리 30g, 대파 1뿌리, 배추 3 잎, 당근 50g, 소금 · 후추 · 참기름

◀ 만들기

1. 송이는 깨끗이 손질하여 겉껍질을 벗기고 송이 모 양대로 납작하게 썰어 놓 는다.

2. 송이에 소금, 참기름을 넣고 무쳐 놓는다.

3. 쇠고기는 얇게 썰어 다 진 마늘, 파, 간장, 설탕, 후추, 깨소금, 참기름을 넣어 양념해 놓는다.

4. 양파는 굵직하게 썰고, 미나리, 당근, 대파는 5cm 길이로 썰어 놓는 다.

5. 배추도 5cm 길이로 토 막내어 굵게 채 썰어 놓 는다.

6. 전골냄비에 참기름을 넣 고 쇠고기를 넣어 볶다 가 육수나 물을 붓고 한 소끔 끓인다.

7. 충분히 끓었으면 간장, 소금을 넣어 간을 맞추 고 송이, 양파, 배추, 당 근을 넣고 한소끔 끓인 후 대파, 미나리를 넣어 다시 끓이면서 간을 맞 추고 후추를 넣는다.

…너희가 나 있을 때뿐 아니라 더욱 지금 나 없을 때에도 항상 복종하여 두렵고 떨림으로 너희 구원을 이루라. (빌 2:12)

천국에 이르는 길은 이천년이 지나도록 한 번도 고친 적이 없는 좁고 가파른 길입니다. 그 길은 자기를 쳐서 복종 하기를 요구합니다. 그리고 오직 자기 믿음으로만 천국의 문을 열 수 있습니다. 천국은 집단이 아니라 개별적으로 들어가는 곳이기 때문입니다. 예수님은 말씀하셨습니다. "네 믿음이 너를 구원하였다"(마 9:22). 여기에는 예외가 있을 수 없습니다. 부부도, 부모도, 다른 혈육들도 믿음을 대신해 줄 수는 없는 것입니다. 믿는 회중 가운데 있다는 것으로 안심하지 마십시오. 항상 주께 복종하며 두렵고 떨림으로 자기 구원을 이루십시오.

기도 : 하나님, 제가 주 안에서 새로워지며 구원을 감격을 누릴 수 있도록 해주세요. 아기에게도 그 기쁨이 전해지 기를 원합니다.

오늘의 메모

목요일		금요일		토요일		주일		주계	누계
내용	금액	내용	금액	내용	금액	내용	금액		

…주여 주여 우리가 죽겠나이다 한대 예수께서 잠을 깨사 바람과 물결을 꾸짖으시니 이에 그쳐 잔잔하여지더라. (눅 8 : 24)

우리가 살다보면 하나님의 도우심이 아무런 힘도 발휘하지 못하는 것 같다고 느껴지는 순간이 있습니다. 그러나 바로 이런 폭풍우의 시기야말로 믿음이 필요합니다. 믿음만이 두려움과 시련을 대적할 수 있는 병기이기 때문입니다. 이 믿음은 교리에 동의하는 지적인 믿음이 아닙니다. 그것은 엄청난 공포와 갈등의 한복판에서 예수님께 모든 것을 맡기는 결단입니다. 예수님이 나에게 등을 돌리고 태평스럽게 주무시고 있는 것처럼 보이는 그 순간에, 주께서 그 위험과 고난 가운데 나와 함께 계심을 믿는 것, 그리고 그분께 모든 것을 의탁하는 것이 믿음입니다.

기도 : 하나님, 저의 믿음이 잠깐의 고난과 두려움으로 인해 흔들리지 않도록 붙들어 주십시오.

잠언 10:13~14

명철한 지의 입술에는 지혜가 있어도 지혜 없는 자의 등을 위하여는 채찍이 있느니라 지혜로운 자는 지식을 간직하거니와 미련한 자의 입은 멸망에 가까우니라

11 November

복어탕

◀ 재료

북어 1마리 , 두부 ½모 ,
달걀 1개 , 대파 1뿌리 , 마
늘 2쪽, 참기름 1TS , 후추,
소금

◀ 만들기

1. 북어는 머리를 떼고 물에
   불려 부드러워지면 방망
   이로 자근자근 두드려 포
   를 떠서 뼈를 발라낸 후
   먹기 좋게 썰어 놓는다.

2. 북어 머리는 깨끗이 씻
   어 물을 붓고 푹 끓여서
   북어 육수를 만들어 맑
   게 걸러 놓는다.

3. 대파는 어슷하게 썰어
   놓고, 두부는 먹기 좋은
   크기로 썰고, 마늘은 다
   져 놓는다.

4. 냄비에 참기름을 두르고
   마늘을 볶다가 ①의 북
   어를 넣어 다시 볶은 후
   ②의 육수를 부어 끓여
   낸다.

5. 한소끔 끓으면 두부·대
   파를 넣어 소금으로 간
   을 하고 후추로 양념한
   다음 달걀을 풀어 준다.

＊붉은 고추를 어슷하게 썰어 4
  의 재료를 볶을 때 같이 넣고
  볶아 끓이게 되면 더욱 칼칼하
  면서 시원한 맛을 준다.

	월요일		화요일		수요일	
	내용	금액	내용	금액	내용	금액
수　입						
수입합계						
식비						
주거관리비						
공 과 비						
생활용품						
의 복 비						
건강미용						
교 육 비						
문화·레저						
축하·경조						
저축·보험						
교통·통신						
기 타						
지출합계						
잔　액						

서로 친절하게 하며 불쌍히 여기며 서로 용서하기를 하나님이 그리스도 안에서 너희를 용서하심과 같이 하라.
(엡 4 : 32)
우리는 이렇게 생각하곤 합니다. '네가 잘못을 알고 용서를 빌기만 하면 다 용서하지.' 그러나 이런 마음은 용서를
상호 교환하는 것으로 만듭니다. 그것은 상대방이 어떤 형식으로든 미안함을 표시해야만 용서될 수 있다고 말하는
것입니다. 그러면서도 속으로는 이렇게 생각합니다. '착한 나는 언제나 용서할 준비가 되어 있다.' 그러나 이렇게
생각하는 사람은 정작 용서할 줄 모르는 사람입니다. 용서란 "사랑할 줄 모르는 사람에게 베푸는 사랑"이라는 말을
명심하십시오. 아버지가 탕자를 끌어안는 것처럼 말입니다.
기도 : 자기 잘못을 깨닫지 못하는 사람을 용서하려면 주님의 사랑이 필요합니다. 저를 도와주세요.

오늘의 메모

목요일		금요일		토요일		주일			
내용	금액	내용	금액	내용	금액	내용	금액	주계	누계

내가 거기 있지 아니한 것을 너희를 위하여 기뻐하노니⋯. (요 11:15)

예수님은 마리아의 오빠인 나사로가 죽을지도 모른다는 절대 절명의 전갈을 받고도 이틀이나 더 계시던 자리에 머무르셨습니다. 누구도 그것을 이해할 수 없었습니다. 그러나 사흘이나 지난 그 때가 바로 하나님의 때였습니다. 하나님의 때는 인간의 때와 다릅니다. 하나님의 시간은 인간이 계획한 시간에 따라 움직이지 않습니다. 하나님의 생각과 인간의 생각이 다르기 때문입니다. 하나님께서 중요하게 생각하셨던 것은 병든 나사로를 치료하는 것이 아니라 죽은 나사로를 살리는 것이었습니다. 어려운 일일수록 조급해 하지 말고 하나님의 시간에 자신의 시간을 맞추십시오. 하나님이 정한 시간에 주시는 축복이 더 큽니다.

기도 : 무엇이든 제가 정한 때에 이루려는 조급함을 내려놓습니다. 주님의 뜻을 이루십시오.

잠언 10 : 19 ～ 21

말이 많으면 허물을 면하기 어려우나 그 입술을 제어하는 자가 지혜가 있느니라 의인의 혀는 순은과 같거니와 악인의 마음은 가치가 적으니라 의인의 입술은 여러 사람을 교육하나 미련한 자는 지식이 없어 죽느니라

11 November

송이 산적

◀ 재료

송이버섯 4개, 쇠고기 200g, 소금, 참기름, 꼬치 4개, 간장 1½큰술, 설탕 2작은술, 다진파 2작은술, 다진마늘 1작은술, 후추, 깨소금, 참기름

◀ 만들기

1. 송이버섯은 검은 껍질을 얇게 벗기고 끝부분에 붙은 모래부분은 버린다.
2. 손질한 송이버섯은 모양을 살려 굵기에 따라 2~3등분으로 저민다.
3. 송이버섯은 소금, 참기름으로 양념하여 부서지지 않도록 살며시 버무린다.
4. 쇠고기는 송이버섯보다 약간 길고 넓이는 1.5㎝ 정도로 썰어 잔칼집을 넣는다.
5. 간장에 설탕, 다진파, 마늘, 후추, 깨소금, 참기름을 넣어 양념상을 만든다.
6. 쇠고기는 ⑤의 양념장에 간이 배도록 무친다.
7. 꼬치에 송이버섯, 쇠고기를 번갈아 가며 꽂는다.(꼬치 양끝이 1㎝가 되도록 다듬는다.)
8. 산적재료를 석쇠에 놓고 살짝 굽거나 팬에 기름을 두르고 지져내도 좋다.
9. 접시에 송이산적을 보기 좋게 담는다.

		월요일		화요일		수요일	
		내용	금액	내용	금액	내용	금액
수 입							
수입합계							
식비							
주거관리비							
공 과 비							
생활용품							
의 복 비							
건강미용							
교 육 비							
문화·레저							
축하·경조							
저축·보험							
교통·통신							
기 타							
지출합계							
잔 액							

네가 보거니와 믿음이 그의 행함과 함께 일하고 행함으로 믿음이 온전하게 되었느니라. (약 2:22)

우리는 '믿음을 갖는다' 라고 말하지만, 사실 크리스천에게 있어서 믿음은 갖는 것이 아니라 삶으로 사는 것입니다. 정말 믿음이 있는 사람이라면 믿음대로 살아야 합니다. 믿음은 단지 '믿는다' 는 막연한 의식이 아니라 행동으로 드러나고 실현되는 것이기 때문입니다. 상반되는 두 갈래 길 중 하나를 선택해야 할 때, 그 선택이 기준이 되는 것이 믿음입니다. 더 힘들고 거친 길을 걸어야 하는 줄 알면서도, 그 길을 선택하게 하는 것이 바로 믿음입니다. 믿음을 마음속에 가두어 두고 입술로 고백하는 미사여구로 만들지 마십시오. 행함이 없는 믿음은 죽은 것입니다. 기도 : 하나님, 유혹이 강할수록 예수를 따르는 자로서 담대하게 물리칠 수 있는 믿음을 주십시오.

오늘의 메모		

146

목요일		금요일		토요일		주일			
내용	금액	내용	금액	내용	금액	내용	금액	주계	누계

볼지어다 내가 문 밖에 서서 두드리노니 누구든지 내 음성을 듣고 문을 열면 내가 그에게로 들어가 그와 더불어 먹고 그는 나와 더불어 먹으리라. (계 3:20)

어느 사업가는 은행을 "맑은 날에는 우산을 권하고 흐린 날에는 우산을 빼앗는 곳"이라고 표현했습니다. 사업이 잘 될 때는 좋은 조건으로 대출을 해가라고 권하고, 막상 회사가 어려울 때는 대출해 주었던 돈마저 갚으라고 다그치기 때문입니다. 그런데 당신은 혹시 예수님의 이름을 우산처럼 사용하고 있지는 않습니까. 맑은 날은 현관 한 구석에 세워두고 눈길 한 번 주지 않다가 비가 올 때 얼른 꺼내 쓰는 우산처럼 말입니다. 그러나 예수님은 은행도 우산도 아닙니다. 맑은 날도 흐린 날도 우리를 향한 그분의 사랑은 변함없으십니다. 임산부가 늘 아기와 함께이듯 말입니다.

기도 : 제가 늘 아기와 동행하듯 주님과 동행하기 원합니다.

잠언 12:6~7

악인의 말은 사람을 엿보아 피를 흘리자 하는 것이거니와 정직한 자의 입은 사람을 구원하느니라 악인은 엎드러져서 소멸되려니와 의인의 집은 서 있으리라

11 November

	월요일		화요일		수요일	
	내용	금액	내용	금액	주계금액	누계
수 입						
수입합계						
식 비						
주거관리비						
공 과 비						
생활용품						
의 복 비						
건강미용						
교 육 비						
문화 • 레저						
축하 • 경조						
저축 • 보험						
교통 • 통신						
기 타						
지출합계						
잔 액						

알탕

◀ 재 료

생선알 600g, 고니 600g, 모시조개 200g, 다시마 (10cm) 1토막, 무 100g, 콩나물 100g, 미나리 30g, 대파 1/2뿌리, 무즙 2큰술, 양파즙 2큰술, 고춧가루 2큰술, 갖은 양념

◀ 만들기

1. 재료 손질하기

   모시조개는 소금물에 하룻밤 담가 해감을 제거한 후 잘 씻어 건진다. 생선알과 고니는 깨끗이 씻는다. 무는 납작하게 썰고, 콩나물은 머리와 꼬리를 손질한다. 미나리는 다듬어 썰고, 대파는 어슷썬다.

2. 국물내기

   냄비에 모시조개와 다시마를 끓여 조개는 건져내고 국물은 맑게 걸러 놓는다.

3. 양념장 만들기

   국물(3컵)에 무즙, 양파즙, 고춧가루, 다진 마늘, 생강, 국간장, 조미술을 넣어 양 념장을 만든다.

4. 끓이기

   냄비에 준비한 재료와 조개를 넣고 양념장을 넣은 다음 국물을 붓고 끓이다가 소금과 후추로 간한다.

형제가 연합하여 동거함이 어찌 그리 선하고 아름다운고. (시 133:1)

기독교 윤리학 교수인 찰스 셀 박사는, 결혼은 두 마리의 고슴도치가 추운 밤에 함께 몸을 맞대고 있는 것과 같다고 말합니다. 서로 닿는 부분이 넓을수록 따뜻하지만, 날카로운 가시 때문에 가까이 가면 갈수록 서로를 찌르게 됩니다. 따라서 충돌을 회피할 수 없습니다. 이 문제를 해결하려면 서로에 대한 이해기 필요합니다. 그는 이상한 사람이 아니라 나와 다른 사람일뿐이며, 그 때문에 하나님께서 나에게 인도하신 것일 수 도 있습니다. 이렇게 서로 다른 점을 차이로 받아들이는 법을 훈련하는 것은 중요합니다. 이러한 문제 해결 방법은 남편 뿐 아니라 주변 사람들과 태어날 아기에게도 적용해야 하기 때문입니다.

기도 : 저희 두 사람을 부부로 만나게 하신 주님, 저희를 통해 이루시려는 뜻을 이루시옵소서.

오늘의 메모

예산·결산

December

내용·계획	예 산	결 산	비 고
수 입			
저축인출			
차입 (전월잔액)			
수입 합계			

	예 산	결 산	비 고
식비			
부식비			
주거관리비			
공과비			
생활용품			
의복비			
건강미용			
교육비			
문화·레저			
축하·경조			
저축·보험			
교통·통신			
기 타			
특별비			
저축 저축성예금			
요구불예금			
차입금 상환			
지출 합계			

현재 남은 돈	

1	
2	
3	
4	
5	
6	
7	
8	
9	
10	
11	
12	
13	
14	
15	
16	
17	
18	
19	
20	
21	
22	
23	
24	
25	
26	
27	
28	
29	
30	
31	

빈대떡

◀ 재료

녹두 1컵, 찹쌀가루 3큰술, 간 돼지고기 100g, 김치 80g, 도라지 50g, 숙주 100g, 풋고추 2개, 홍고추 2개, 다진 파 1큰술, 다진 마늘 1큰술, 소금, 후추, 깨소금, 참기름, 초간장

◀ 만들기

1. 녹두는 물에 담가 불렸다가 거피하여 믹서에 물을 약간 넣고 갈아 놓는다.
2. 고기는 갈아져 있는 것을 준비하고, 김치는 물기를 짠 후 잘게 썬다. 도라지, 숙주는 삶아 물기를 짜고 잘게 썬다.
3. 준비한 고기, 김치, 도라지, 숙주를 잘 섞고 다진 파, 마늘, 소금, 후추, 깨소금, 참기름으로 양념한다.
4. 녹두에 ③의 재료를 넣고 찹쌀가루를 넣어 걸쭉하게 섞는다.
5. 팬에 기름을 넉넉하게 두르고 ④의 재료를 떠 넣은 다음 동글납작하게 모양을 다듬고 송송 썬 풋고추, 홍고추를 살짝 얹어서 앞뒤로 노릇노릇하게 지진다. 초간장을 곁들여 낸다.

	월요일		화요일		수요일	
	내용	금액	내용	금액	내용	금액
수 입						
수입합계						
식비						
주거관리비						
공 과 비						
생활용품						
의 복 비						
건강미용						
교 육 비						
문화·레저						
축하·경조						
저축·보험						
교통·통신						
기 타						
지출합계						
잔 액						

예수께서 대답하여 이르시되 진실로 진실로 네게 이르노니 사람이 거듭나지 아니하면 하나님의 나라를 볼 수 없느니라. (요 3:3)

진정 거듭난 사람이라면 "…처럼 보인다"와 "…이다"의 차이를 알아야 합니다. 그것은 마치 임신한 것과 임신한 것처럼 보이는 것의 차이처럼 극명한 것입니다. 바리새인들은 일반인들이 볼 때 지극히 성결한 사람들이었습니다. 그러나 예수님께서 보시기에 그들은 '…처럼 보인다'에 속한 사람들의 전형이었습니다. 주일마다 교회에 나가 예배드리고, 헌금하고, 기도한다 할지라도, 예수 그리스도를 자기 삶의 주인으로 섬기지 않으면 외식하는 자에 불과합니다. 자신의 영혼을 사랑한다면 하나님 앞에서 진정 거듭난 자로 살아야 합니다.

기도 : 아기와 함께 거듭나는 동안 바리새인들을 통해 주시는 경고를 잊지 않게 해 주세요.

오늘의 메모

목요일		금요일		토요일		주일			
내용	금액	내용	금액	내용	금액	내용	금액	주계	누계

너는 마음을 다하고 뜻을 다하고 힘을 다하여 네 하나님 여호와를 사랑하라. (신 6:5)

사람들은 눈에 보이는 결과에 집착합니다. 그 일을 위해 어떤 과정을 겪어야 했는지, 그것을 이루느라 어느 정도의 노력을 기울였는지는 별로 상관하지 않습니다. 그저 무엇을 얼마나 이루었는가가 중요할 뿐입니다. 하지만 하나님은 그렇지 않습니다. 사람마다 다른 능력과 기질을 주신 그분은 결과가 아니라 그 사람의 중심을 보시기 때문입니다. 우리가 달려갈 길을 다 경주한 후에 하나님께서는 이렇게 물으실 것입니다. "그 때 네가 최선을 다했느냐?" 하나님께서는 누구에게나 최선을 다할 힘을 주셨습니다. 최선을 다하는 데에는 변명이나 원망이 필요치 않습니다. 마음을 다하고 성품을 다하고 힘을 다하십시오. 그 다음은 주께서 맡아 주실 것입니다.

기도 : 무슨 일에든 보이는 결과에 집착하지 않고 최선을 다할 수 있도록 인도해 주십시오.

잠언 12:13~14

악인의 입술은 허물로 말미암아 그물에 걸려도 의인은 환난에서 벗어나느니라 사람은 입의 열매로 말미암아 복록에 족하며 그 손이 행하는 대로 자기가 받느니라

12 December

	월요일		화요일		수요일	
	내용	금액	내용	금액	내용	금액
수 입						
수입합계						
식비						
주거관리비						
공 과 비						
생활용품						
의 복 비						
건강미용						
교 육 비						
문화·레저						
축하·경조						
저축·보험						
교통·통신						
기 타						
지출합계						
잔 액						

양파전

◀ 재료

양파 3개, 다진 쇠고기 30g, 두부 30g, 밀가루 3큰술, 달걀 1개, 다진 파 1큰술, 다진 마늘 1작은술, 소금 약간, 후추 약간, 깨소금 약간, 참기름 약간

◀ 만들기

1. 양파는 작은 것으로 준비하여 5mm 정도 두께로 썰어 속을 빼낸다.

2. 두부는 가제에 싸서 물기를 꼭 짠 후 다진 쇠고기를 섞어 다진 파, 마늘, 소금, 후추, 깨소금, 참기름을 넣어 양념한다.

3. ①의 양파 안쪽에 밀가루를 묻히고 ②의 속을 넣은 다음 밀가루와 달걀물을 씌운다.

4. 팬에 식용유를 두르고 불을 은근히 하여 ③이 양파를 노릇노릇하게 지진다.

5. 간장에 식초를 넣어 초간장을 만들어 양파전에 곁들여 낸다.

*양파 속을 빼낸 안쪽에 밀가루를 묻힌 다음 속을 넣는다. 밀가루를 묻혀야 지질 때 속이 빠지지 않는다.
*속을 채운 양파에 밀가루와 달걀물을 묻히고 은근한 불에서 속까지 잘 익도록 지진다.

남편들아 이와 같이 지식을 따라 너희 아내와 동거하고 그를 더 연약한 그릇이요… 귀히 여기라 이는 너희 기도가 막히지 아니하게 하려 함이라. (벧전 3:7)

아내가 '더 연약한 그릇'이라는 말씀은 우리가 익히 알고 있습니다. 그러나 우리가 이 말씀에서 쉽게 간과하는 귀절이 있습니다. 바로 '(아내를) 귀히 여기라 이는 너희 기도가 막히지 아니하게 하려 함이라'라는 말씀입니다. 침된 기도를 드리는 사람이라면 아내를 귀히 여겨야 합니다. 그렇지 않으면 '기도가 막히'기 때문입니다. 세상에 어느 누구보다 사랑하고 귀히 여겨야 할 배우자를 무시하거나 하찮게 여긴다면, 아무리 간절한 기도를 드려도 단지 울리는 꽹과리에 불과합니다. 아내 사랑은 기도를 여는 문이자 기도를 잇는 끈임을 잊지 마십시오.

기도 : 아내가 하나님께서 맺어준 배필이며 내가 선택한 사랑임을 항상 기억하게 하옵소서.

오늘의 메모

목요일		금요일		토요일		주일			
내용	금액	내용	금액	내용	금액	내용	금액	주계	누계

주라 그리하면 너희에게 줄 것이니 곧 후히 되어 누르고 흔들어 넘치도록 하여 너희에게 안겨 주리라… (눅 6:38)

누군가에게 뭔가를 주는 일은 가진 자, 부자만이 할 수 있는 일이라고 생각하기 쉽습니다. 그러나 예수님께서는 우리에게 '있으므로 주라'고 말씀하지 않으십니다. 그저 '주라'고 하십니다. 그러면 흔들어서 넘칠 정도가 되어 되돌아올 것이라고 하십니다. 주는 것은 꼭 물질적인 것만을 가리키지 않습니다. 사람들이 받기 원하는 것은 물질보다 이해와 사랑입니다. 나중에, 내가 풍요롭고 평안할 때 주겠다고 생각하지 마십시오. 가끔 삶이 힘겹고 메마르다고 생각될 때 다른 사람에게 따뜻함과 위로를 베푸십시오. 당신이 베푸는 사랑과 위로가 곧 후히 되어 누르고 흔들어 넘치도록 되어 돌아올 것입니다.

기도 : 지금 저의 위로와 이해가 필요한 사람이 누군지 알게 해 주십시오. 그를 돕겠습니다.

잠언 12:18~19
칼로 찌름 같이 함부로 말하는 지기 있거니와 지혜로운 자의 혀는 양약과 같으니라 진실한 입술은 영원히 보존되거니와 거짓 혀는 잠시 동안만 있을 뿐이니라

12 December

깐풍새우

◀ 재 료

새우 12마리, 녹말가루 1/2컵, 달걀 1개, 소금, 후추, 식용유, 양파 1/4개, 마늘 2쪽, 홍고추 1개, 풋고추 1개, 대파 1/2뿌리, 생강 1쪽

◀ 만들기

1. 새우의 머리를 떼고 등쪽으로 내장을 뺀 다음 꼬리 1마디만 남기고 껍질을 벗긴다.
2. 풋고추, 홍고추는 길이로 이등분해 씨를 털어 내고 3mm 정도 입자로 썬다.
3. 양파, 마늘, 생강, 대파도 3mm정도로 썬다.
4. 녹말 가루에 달걀을 풀어 튀김 반죽을 만든다.
5. ①의 새우를 ④의 튀김 반죽에 버무려 기름에 넣고 살짝 튀겨 낸 다음 잠시 후 다시 한번 튀긴다.
6. 오목한 그릇에 간장, 설탕, 식초, 육수를 넣고 골고루 섞어 간장 소스를 만들어 둔다.
7. 팬에 기름을 두르고 뜨거워지면 ②, ③의 재료를 넣고 볶다가 ⑥의 간장 소스를 넣고 잠시 끓인 후 소금, 후추로 간을 한다.
8. 둥근 접시에 ⑤의 튀긴 새우를 보기 좋게 돌려 담은 후 ⑦의 소스를 끼얹고 가운데에도 소스를 담아 낸다.

		월요일		화요일		수요일	
		내용	금액	내용	금액	내용	금액
수 입							
수입합계							
식비							
주거관리비							
공 과 비							
생활용품							
의 복 비							
건강미용							
교 육 비							
문화•레저							
축하•경조							
저축•보험							
교통•통신							
기 타							
지출합계							
잔 액							

오직 우리 주 곧 구주 예수 그리스도의 은혜와 그를 아는 지식에서 자라 가라 영광이 이제와 영원한 날까지 그에게 있을지어다. (벧후 3:18)

현대인들의 배움에는 끝이 없습니다. 하룻밤 사이에 새로운 지식들이 쏟아져 나오고 각종 매체들을 통해 배포되고 있습니다. 현대는 가히 속도선의 시대입니다. 그러나 이 속도를 따라잡으려 정신없이 뛰는 것은 정확히 갈 바를 알지 못하고 무조건 뛰는 것과 같습니다. 이 거대한 속도에 휘말리지 않으려면 중심이 필요합니다. 지식을 얻는 목적과 목표를 분명히 하십시오. 세상 지식은 우리 삶의 도구로 존재하는 것일 뿐, 정말 중요한 것은 그리스도의 은혜를 아는 지식에서 자라가는 것입니다. 그리스도인의 삶을 중심에 두고 능히 알아야 할 것과 그렇지 않은 것들을 분별하십시오. 그것이 지식을 얻는 출발이 되어야 합니다.

기도 : 제가 세상의 지식들을 습득하듯 하나님을 아는 일에도 게으르지 않겠습니다.

오늘의 메모

	목요일		금요일		토요일		주일			
내용	금액	내용	금액	내용	금액	내용	금액	주계	누계

아무에게도 악을 악으로 갚지 말고 모든 사람 앞에서 선한 일을 도모하라. (롬 12:17)

크리스천으로서 선한 삶을 사는 것은 '벌을 받지 않거나 실속을 챙기기 위해 하는 일'이 아닙니다. 만일 선한 삶을 지향하는 마음 어딘가에 그런 생각이 숨어 있다면, 그것은 우리를 향하신 하나님의 마음을 모른다는 증거입니다. 그런 마음은 하나님과 우리를 무자비한 주인과 비굴한 노예 관계로 만들어 버리기 때문입니다. 하나님께서 원하시는 것은 진실하고 친밀한 관계입니다. 사랑하는 사람에게 뭔가 해주는 것이 점수를 따기 위해서가 아니라 사랑을 표현하기 위해서이듯, 선한 삶을 사는 가장 큰 이유는 우리 자신이 선한 삶을 원하기 때문이어야 합니다. 그것이 사랑하는 분을 기쁘게 하는 일인 줄 알기 때문입니다.

기도 : 이제부터 어떤 일을 행하든 주인의 눈치를 보는 노예의 마음으로 하지 않기 원합니다.

잠언 13:2~3
사람은 임의 열매로 인하여 복록을 누리거니와 마음이 궤사한 자는 강포를 당하느니라 입을 지키는 자는 자기의 생명을 보전하나 입술을 크게 벌리는 자에게는 멸망이 오느니라

12 December

해물산적

◀ 재료

중하 4마리, 전복 2개(大), 갑오징어 ½마리, 브로코리 4줄기(小), 홍피망 ½개 청주, 소금, 생강즙, 참기름, 식용유

◀ 만들기

1. 중하는 머리를 떼고 껍질을 벗겨서 살짝 씻는다.
2. 양파, 당근, 샐러리를 썰어넣고 소금, 설탕, 청주를 조금씩 넣어 끓인 물에 새우를 익혀 건진다.
3. 전복은 끓는 물에 껍질째 살짝 데쳐서 살을 떼어낸 후 내장을 제거하고 큰것은 2등분한다.
5. 갑오징어는 껍질쪽에 칼집을 어슷하게 넣어 살짝 데친 후 1㎝ 넓이 정도로 썬다.
6. 브로코리는 끓는 물에 소금을 넣고 데쳐서 찬물에 헹궈 물기를 뺀다.
7. 홍피망은 가늘게 썬다.
8. 꼬치에 준비한 새우, 브로코리, 갑오징어, 홍피망, 전복을 순서대로 꽂은 후 소금, 생강즙, 참기름의 양념에 잠시 재운다.
9. 후라이팬에 기름을 넣고 뜨겁게 한 후 ⑧의 꼬치를 넣어 앞뒤로 살짝살짝 지져내어 접시에 보기 좋게 담아낸다.

		월요일		화요일		수요일	
		내용	금액	내용	금액	내용	금액
수 입							
수입합계							
식비							
주거관리비							
공 과 비							
생활용품							
의 복 비							
건강미용							
교 육 비							
문화·레저							
축하·경조							
저축·보험							
교통·통신							
기 타							
지출합계							
잔 액							

이날은 여호와께서 정하신 것이라 이날에 우리가 즐거워하고 기뻐하리로다. (시 118 : 24)

사람의 취향에 따라 좋아하는 날씨가 있습니다. 어떤 사람은 비 내리는 날을 싫어하지만 어떤 사람은 비 소리와 촉촉한 분위기를 좋아하기도 합니다. 우리 인생은 늘 햇빛이 쨍쨍한 맑은 날만 계속될 수도, 하염없이 비만 내리는 날이 이어시지도 않습니다. 닐씨는 게질을 따라 변화하고 하나님은 우리 몸과 마음을 날씨의 변화에 적응하고 단련되게 지으셨습니다. 흐린 날은 흐린 대로, 맑은 날은 맑은 대로, 비가 오면 비가 오는 대로 그 날들은 우리에게 필요한 날입니다. 때를 따라 쨍쨍한 햇살과 비가 필요한 들녘의 생물들처럼 우리도 변화의 날들이 필요합니다. 하나님께서 주신 모든 날들을 즐기십시오. 그것이 행복한 삶을 사는 방법입니다.

오늘의 메모

목요일		금요일		토요일		주일			
내용	금액	내용	금액	내용	금액	내용	금액	주계	누계

너희 중에 누구든지 으뜸이 되고자 하는 자는 너희의 종이 되어야 하리라.(마 20 : 27)

자식이 권위 있고 인정받는 사람이 되기 원하는 것은 나무랄 수 없는 부모 마음입니다. 그러나 하나님을 섬기는 어머니의 소원은 달라야 합니다. 섬김을 받는 자리보다 섬기는 자리가 더 귀한 것을 알기 때문입니다. 하나님을 사랑하기보다 하나님이 되는 것이 더 쉽고, 형제를 사랑하는 것보다 형제를 조종하는 것이 더 쉽습니다. 힘이 있는 자의 자리에 앉기보다 섬기는 자의 자리에 서기가 더 어렵기 때문입니다. 예수님께서 '으뜸이 되고자 하면 오히려 종이 되라'고 말씀하십니다. 진정한 승자의 자리가 어디인지 잘 알고 계시기 때문입니다. 아이에게 주님의 축복을 가르치십시오. 그 축복은 세속적인 성공에 있지 않습니다.

기도 : 하나님, 제가 이기적인 엄마가 되지 않도록 늘 말씀으로 깨우쳐 주세요.

잠언 15 : 1~2
유순한 대답은 분노를 쉬게 하여도 과격한 말은 노를 격동하느니라 지혜 있는 자의 혀는 지식을 선히 베풀고 미련한 자의 입은 미련한 것을 쏟느니라

12 December

근대국

◀ 재료

근대 150g, 마른새우 10g, 대파 20g, 풋고추 10g, 홍고추 10g, 수제비 50g, 다진마늘 10g, 멸치 20g, 된장 120g, 고운고춧가루 10g, 소금약간

◀ 만들기

1. 근대는 다듬어 씻어 4cm정도 길이로 잘라 끓는물에 데쳐 놓는다.

2. 대파와 풋고추,홍고추는 어슷썬다.

3. 찬물에 멸치를 넣고 끓이다 거즈에 거른후 된장은 콩알이 없게 체에 내리고 고춧가루를 넣고 끓인다.

4. 마른새우를 먼저 넣고 끓이다 근대와 대파 다진마늘순으로 넣고 끓인다.

5. 마지막에 풋고추, 홍고추를 넣고, 소금으로 간을 맞춘다.

	월요일		화요일		수요일	
	내용	금액	내용	금액	내용	금액
수　입						
수입합계						
식비						
주거관리비						
공 과 비						
생활용품						
의 복 비						
건강미용						
교 육 비						
문화·레저						
축하·경조						
저축·보험						
교통·통신						
기 타						
지출합계						
잔　액						

너희 안에서 행하시는 이는 하나님이시니 자기의 기쁘신 뜻을 위하여 너희에게 소원을 두고 행하게 하시나니.
(빌 2:13)

우리가 소원을 두고 행하는 일이 모두 그래도 이루어진다고 말할 수는 없습니다. 하지만 마음에 소원을 두고 기도하는 것은 중요합니다. 마음에 소원을 둔다는 것은 그저 마음속에 담아두고만 있다는 뜻이 아닙니다. 진정 이루어야 할 소원이 있는 사람은 그것을 실현하기 위해 자신의 삶을 맞추어 나아갑니다. 그래서 소원을 따라 행하는 동안 기쁨으로 살 수 있습니다. 설령 그것이 온전히 이루어지지는 않았다 할지라도 후회하지 않습니다. 그 시간들 동안 이루어진 것들이 결코 헛되이 버려질 것이 아니기 때문입니다. 그것은 또 다른 소원의 바탕이 될 것이며 훗날 그것으로 인해 더욱 큰 것을 얻게 될지도 모릅니다.

기도 : 하나님, 제 마음 가운데 주님의 기쁘신 뜻을 위하여 주신 소원을 갖게 해 주십시오.

오늘의 메모

목요일		금요일		토요일		주일			
내용	금액	내용	금액	내용	금액	내용	금액	주계	누계

여호와는 너를 지키시는 이시라 여호와께서 네 오른쪽에서 네 그늘이 되시나니.(시 121:5)

어떤 중요한 일을 결정할 때에 연륜이 있는 분에게 조언을 구하고 상의하는 것은 좋은 일입니다. 그러나 자신의 판단은 전혀 없이 오직 다른 사람들이 판단해 주는 대로 움직이지 마십시오. 언제나 최종 결정은 스스로 내리고 스스로 책임져야 합니다. 무언가를 결정하고 그에 대해 책임을 지는 일은 두렵습니다. 그러나 그렇다고 자신이 한 일에 대한 책임을 다른 누군가에게 떠넘겨서는 안 됩니다. 책임을 피한다고 해서 결과가 달라지지 않습니다. 책임 회피는 그 다음 일을 결정할 때 피해의식을 가중시키고, 성숙한 인격체로 성장하는 것을 방해합니다. 결정할 때 신중하십시오. 그리고 그 결과에 대해 책임지는 훈련을 하십시오. 하나님께서 당신 우편에서 지키실 것입니다.

기도 : 하나님 제가 어떤 일을 결정할 때 지혜와 그 결과를 책임질 수 있는 용기를 주십시오.

잠언 15:7~9
지혜로운 자의 입술은 지식을 전파하여도 미련한 자의 마음은 정함이 없느니라 악인의 제사는 여호와께서 미워하셔도 정직한 자의 기도는 그가 기뻐하시느니라 악인의 길은 여호와께서 미워하셔도 공의를 따라가는 자는 그가 사랑하시느니라

159

12 December

	월요일		화요일		수요일	
	내용	금액	내용	금액	내용	금액
수 입						
수입합계						
식비						
주거관리비						
공 과 비						
생활용품						
의 복 비						
건강미용						
교 육 비						
문화•레저						
축하•경조						
저축•보험						
교통•통신						
기 타						
지출합계						
잔 액						

소세지야채볶음

◀ 재 료

프랑크소시지 4개, 양송이 버섯 5송이, 피망 1/2개, 홍피망 1/4개, 양파 1/4개, 마늘 3쪽, 토마토케첩 1/3컵, 설탕 1작은술, 우스타소스(또는 굴소스) 1작은술, 소금, 후추, 식용유, 파슬리가루

◀ 만들기

1. 프랑크 소시지는 어슷하게 썰고 마늘은 저며썬다.

2. 양송이는 납작하게 썰고 양파, 피망, 홍피망도 같은 크기로 썬다.

3. 팬에 기름을 넣고 저민 마늘을 넣어 볶은 후 소시지와 야채를 넣어 볶은 다음 토마토케첩, 우스타소스나 굴소스, 설탕을 넣어 볶으면서 소금, 후추로 간을 맞춘다.

4. 접시에 소세지야채볶음을 담고 파슬리가루를 뿌린다.

그리스도 예수 안에 있는 속량으로 말미암아 하나님의 은혜로 값없이 의롭다 하심을 얻은 자 되었느니라.(롬 3:24)

목사이자 유명한 저술가인 고든 맥도날드는 말합니다. "웬만한 일에는 세상도 교회 못지않거나 교회보다 낫다. 집을 지어 주고 가난한 자를 먹여주고 아픈 사람을 고쳐주는 일은 굳이 교인이 아니어도 할 수 있다. 그러나 세상이 못하는 일이 하나 있다. 세상은 은혜를 베풀 수 없나." 은혜를 베푼다는 것은 값없이, 원인과 결과를 초월하여 무조건 베푸는 것을 의미합니다. 은혜는 논리적으로 설명되는 것이 아니라 그저 전달되는 것입니다. 누군가에게 이유를 따지지 말고, 옳고 그름의 논리를 떠나서, 자신을 드러내지 말고 진정한 은혜를 베푸십시오. 그 일은 하나님의 은혜로 값없이 의롭다 함을 얻은 당신만이 할 수 있는 일입니다.

기도 : 값없이 받은 하나님의 은혜를 저도 값없이 베풀 수 있는 믿음과 사랑을 주십시오.

오늘의 메모

관절염, 류머티즘, **휴식**이 능사 아니다.
Heath News . . .

관절염에는 적당한 운동과 충분한 영양섭취가 필요하다.

관절이 부어오르고, 관절부위에 열이 나며, 다리가 아파서 오랫동안 걷기가 힘들어진다. 잠을 자고 일어나면 근육이 뻣뻣한 경직감을 보이는데 1시간 이상이나 경직감이 지속된다. 초기일 경우 활동을 할

수록 통증이 나아지고 아침에 심한 편이다. 류머티스 관절염은 과로, 영양부족, 세균감염, 외상 등이 그 원인으로 꼽히고 있다. 관절염이 생기면 보통 운동을 삼가고 집 안에서 쉬어야 하는 것으로 알고 있는 사람들이 많다.

하지만 관절이 붓고 열이 나며 피로감이 나타날 때를 제외하고는 평소 정기적인 운동을 통해 관절의 경화를 막아야 치료에 도움이 된다. 류머티스 관절염은 치료하기가 매우 힘들긴 하지만 식생활습관의 개선으로 극복될 수도 있다.

관절염으로인한 여러 영양소의 흡수장애와 만성적인 고통, 행동의 불편 때문에 영양적으로 불균형을 초래하기가 쉽다. 따라서 양질의 단백질, 무기질, 비타민 등을 골고루 섭취하는 식생활 습관을 갖도록 해야 한다.

편한 구두가 건강에도 좋다

어떤 구두가 좋은가 하는 것은 구두를 신는 목적에 따라 달라지지만 적어도 바닥이 얇거나 굽이 딱딱한 구두는 지면에서의 충격이 그대로 발에 전달되므로 피하는 것이 좋다. 외관상으로는 꼼꼼하게 잘 만들어졌는가를 체크해 봐야 한다. 박음질이나 굽이 비뚤어져 있지 않은지 꼼꼼하게 살펴보도록 한다.

여성용 구두의 체크방법은 우선 발끝과 엄지발가락 사이에 구두와 약간의 사이가 있어야 한다. 다음으로 구두폭이 중요하다. 구두가 발에 너무 꽉 맞으면 구두 가죽이 밖으로 밀려 발에 압박을 주게 된다.

구두는 발을 잘 감싸서 받쳐주고 있다는 느낌이 드는 편안한 신발이 가장 바람직한 상태이다. 발은 건강의 척도이기도 하다. 편안한 구두를 신어 건강한 생활을 해나가자.

주부습진은 고무장갑 외에 면장갑을 껴야 한다.

주부습진의 원인은 주부들이 집안 일을 하면서 직접 손으로 만지고 취급하는 자극성 물질들 때문이다. 여러가지 세탁제, 취사용구, 고무장갑, 고추, 파, 마늘 등이 그런 것. 그런데 주부는 이러한 물질들을 하루도 만지지 않을 수 없으므로 일단 주부습진에 걸리면 오랫동안 치료해야 하고 치료 후에도 자칫 하면 재발하기 쉽다.

주부습진을 예방하려면 손을 씻을 때 미지근한 물에 씻고 무자극성인 비누를 사용해야 한다.

깨끗이 씻은 후에 부드러운 수건으로 물기를 완전히 없애고 약을 바른다.

물일을 할 때도 반드시 고무장갑을 끼고 이대도 속에 면장갑을 끼는데, 30분마다 새 것으로 갈아야 한다. 날씨가 추울 때는 반드시 보온용 장갑을 낀다.

이러한 주의사항은 주부습진이 완전히 치료된 후에도 4~5개월간 지켜야 한다. 눈으로 봐서는 다 나은 것 같아도 피부가 완전히 저항력을 가지려면 그만한 시간이 필요하기 때문이다.

비만증은 허리통을 가져온다

어떤 일에 열중하면서 오랜 시간 나쁜 자세로 있게 되면, 근육이나 인대는 균형을 잡기 위해 계속 긴장 상태에 있어야 하므로 피로가 쌓이게 되고 심하면 일부에 손상을 입어 허리에 통증이 생긴다.

자세의 변화는 주로 배와 등의 근육에 의해 이루어진다. 근육이 약해져 배가 나오게 되면 이에 따라 허리 부분의 등뼈는 앞으로 굽어지고, 균형을 잡기 위해 가슴의 등뼈는 반대로 굽어져 심한 만곡이 생기게 된다. 배와 허리 근육을 많이 움직여 아랫배가 나오는 일이 없도록 하며 특히 과식으로 비만증에 걸리지 않도록 한다. 부엌에서 일을 하는 주부들의 경우 일하는 작업대의 높이가 자기의 키에 맞는가를 확인해서 너무 높거나 낮으면 자신의 키에 맞도록 고친다.

날씬해 보이는 옷 색깔 선택법
우아하고 세련된 여자로 변해보자

날씬해 보이는 옷 색깔 선택법

같은 옷을 입어도 유난히 날씬해 보이는 사람이 있고, 같은 키에도 커 보이는 사람이 있는가 하면 작아보이는 사람이 있다.

기본적으로 선택하는 옷 색깔이 사람을 날씬하게도, 뚱뚱하게도 만든다. 윗옷이나 아래옷의 배색의 대비가 강하면 보는 사람의 눈이 착각을 일으켜 굵기에 대한 관심이 약해진다. 어느 쪽이든 뚜렷한 빛깔로 정한다.

또 힙이 크거나 넓적다리가 뚱뚱해서 고민인 사람은 바지나 스커트의 빛깔을 진한 색으로 골라서 긴장된 느낌을 준다.

우선 시각적으로 크기가 커버되어 날씬해 보인다. 또 이와는 반대로 같은 계통의 색채로 통일해도 날씬해 보인다. 이때에 스타킹과 구두를 같은 계통의 색으로 하면 다리가 길어 보인다.

얼굴이 작아보이면 체형이 한층 날씬하게 느껴진다. 목이 열린 블라우스나 가디건으로 V네크를 만들어 스카프를 두르면 한층 날씬해보이고, 어깨에 패드를 넣어 넓은 어깨처럼 보이게 하고 밑은 몸에 붙는 바지를 입으면 역삼각형으로 날씬해 보인다. 이때에는 같은 계통의 색갈로 선택한다. 대개 서로의 스트라이프가 몸을 날씬해 보이게 하는데, 이 경우에 긴 블라우스를 입으면 한층 날씬해 보인다.

단색이 우아하고 날씬해 보인다.

계절에 따라 단색이나 프린트를 선택하게 되지만, 대체로 단색이 우아하고 키가 크고 날씬해 보인다는 점을 기억해둔다. 프린트는 아무래도 키가 작고 뚱뚱해 보이는 경향이 있다. 단색 중에서 검정은 이미지를 뚜렷하게 나타내지만 흔히 어두운 색으로 알고 있다. 차분하면서도 여성다운 검정은 옷감의 종류가 고급일 때 더욱 돋보인다. 코트나 재킷, 팬츠 등을 검정으로 선택하면 좋다.

프린트는 3~4색 정도가 무난하고, 물방울무늬는 대체로 무난하다. 크기는 체격에 따라 고르게 되는데 키가 작은 여성은 크기가 너무 크지 않은 프린트를 고른다. 프린트의 원피스를 고를 때는 블에이저와의 조화를 생각하고, 외출할 때 벤트는 무지로 맨다.

물방울무늬는 여름에 시원해보이는데, 흰 바탕에 파란 물방울 무늬스커트와 같은 배색의 스카프를 마련해 보면 좋다. 여기에 파란 블레이저와 스커트의 바탕색이 흰색 블라우스를 입으면 세련되어 보인다.

어떤 무늬의 옷을 입든 악세서리를 할 때는 무늬가 가장 많이 차지하는 색이나 바탕색을 고르면 우아해 보인다.

핸드백을 우아하게 드는 법

멋쟁이라고 여겨져서 한 번쯤 뒤를 돌아보게 만드는 여성이 있다. 이때는 걸음걸이라든가 몸짓, 핸드백을 드는 법 등 눈에 보이지 않는 요소가 한층 돋보이는 경우가 많다.

직장여성들은 물론 주부들도 외출 할 때는 핸드백을 든다. 구입할 때 신경쓰는 것에 비해서 막상 들고 다닐 때 우아하게 핸드백을 들고 다니는지 생각해보자.

버스나 전철을 탔을 때는 백을 무릎 위에 세우고 앉기보다는 백 밑바닥을 앞으로 해서 눕히고 손을 자연스럽게 위에 포갠다. 남의 집을 방문했을 때는 자신이 앉은 소파나 방석 옆에 놓아두어 손쉽게 집어들 수 있게 한다.

직장여성 가운데에는 쇼핑백이라고 불리는 종이가방을 들고 다니는 여성들이 많은데, 멋쟁이라면 쇼핑백을 따라들고 다니기보다는 조금 큰 핸드백을 마련해 소지품을 잘 정리히는 습관을 갖도록 하자. 갈아입을 옷이라든가 도시락, 우산 또는 읽을 책이나 악세서리 등은 핸드백에 넣는 습관을 들여야 종이가방을 들고 다니지 않게 된다. 책이나 서류를 많이, 그리고 자주 들고 다녀야 한다면 서류가방을 따로 마련해서 들고 다니는 것이 좋다.

살을 빼려거든 이런 음식을 먹어라

■현미와 통밀가루 음식을 가까이 한다.
현미는 '눈' 과 '배유' 로 이루어져 있다. 쌀알의 거의 대부분은 차지하고 있는 배유에는 탄수화물이 들어 있고, 탄수화물이 몸속에서 힘과 열을 내는데 필요한 비타민B1을 비롯한 각종 비타민과 무기질 쌀눈에 집중적으로 들어 있다. 마찬가지로 밀을 껍질째 가루로 만드는 통밀가루 역시 빛깔이 거무스름하고 촉감이 껄끄러우며 맛도 약간 씁쓸하기 때문에 꺼려하는 사람이 많지만 영양이 매우 풍부하다. 특히 아름다운 몸매를 가꾸고 싶다면 주저하지 말고 통밀가루 빵이나 국수를 가까이 하자.
흰쌀, 흰밀가루 대신 정제하지 않은 현미나 통밀가루로 밥, 국수, 빵을 만들어 주식에 변화를 주어보는 것도 좋을 것이다.

■볶음요리는 되도록 팬을 달군 후 물로 조리한다.
볶음요리의 경우 적은 양의 기름으로 잘 볶으려면 충분히 달구어진 팬을 사용하는 것이 요령이다. 또 잘 잊지 않는 재료는 잘게 썰고 딱딱한 재료는 미리 살짝 삶아 설익힌 다음에 볶으면 재빨리 맛있게 볶을 수 있다. 기름 대신 물을 이용하면 식품 자체의 담백한 맛을 살릴 수 있어 효과적이다. 우리 몸에 꼭 필요한 지방은 여러가지 식품을 통해 자연스럽게 충분히 공급되기 때문에 별

도의 기름을 쓰지 않아도 된다.
물로 볶을 때는 팬을 뜨겁게 달군 후 물을 2큰술 정도 두르고 센불에서 살짝 볶는다. 물을 넣었을 때 방울져 또르르구를 때가 팬이 알맞게 달궈진 상태이다. 부침, 지짐 등 반드시 뜨겁게 달군 후 식물성 기름을 묻힌 기름종류로 닦아 내듯 문질러 살짝 기름을 묻히면 적은 양으로도 조리가 가능하다.

■살코기나 흰살생선을 먹는다.
확실히 다이어트란 어느 한쪽에 치우치지 않고 고르게 먹는 식사가 포인트인데 칼로리가 낮으면서 고단백 식품인 동물성 식품을 선택하는 것이 살이 찐 사람들에게 특히 좋다. 쌀과 같은 곡식류에도 단백질은 들어 있지만 탄수화물의 함량이 더 많기 때문에, 필요한 단백질을 곡류로 먹게 되면 칼로리만 높이게 될 뿐 아니라 단백질의 질도 그리 좋은 편이 아니다. 따라서 양질의 단백질로 지방이 적은 동물성 식품을 선택하는 것이 바람직하다. 껍질을 벗겨낸 닭고기의 흰살 부분은 돼지고기나 쇠고기보다 칼로리가 낮기 때문에 좋으며, 돼지고기나 쇠고기를 조리할 때 기름기는 떼어버리고 살코기만을 먹는다.
또 조기, 대구, 가자미 등의 흰살 생선을 택한다. 이외에 조개, 콩류, 치즈, 두부, 우유, 달걀 등도 모두 고단백 식품이다. 달걀은 하루에 1개 정도가 적당하다.

■근육을 만든다.
지방을 줄이면 여성다운 몸매가 남자근육

처럼 변하는 게 아닌가 우려하는 사람들도 있다. 그러나 여성의 근육은 보디빌더와 같이 되지는 않는다. 여성들이 근육을 만든다는 것은 '몸을 단단하게 조여준다' 는 뜻이다.
힙의 체지방을 태워 없애고 근육을 붙여주면 엉덩이가 올라붙어 각선미가 살아난다. 허벅지가 굵어 고민하는 사람들은 허리와 발목에 이르는 근육을 단련시켜 날씬한 몸매로 보이게 할 수 있다.
체중만 즐였다고 마음을 놓아서는 안된다. 근육을 붙이지 않으면 체지방이 차지하고 있던 자리의 탄력이 없어져 피부가 쭈글쭈글해지기 때문이다. 따라서 식사조절과 함께 운동이 필요하다.

■다이어트 중 청량음료와 커피는 마시지 않는다.
청량음료는 보통 과일이나 식물성의 합성물질 추출물로 만든 것으로 대부분 설탕이 많이 들어 있다. 따라서 콜라, 사이다 등 청량음료는 다이어트 중에는 절대로 마시지 않는 것이 바람직하다. 쥬스를 마시고 싶을 때는 신선한 과일로 즙을 짜서 설탕을 첨가하지 말고 마시도록 한다.
커피 역시 다이어트 중에는 금물인 기호식품이다. 그러나 커피가 문제가 되는 것은 사실 커피에 넣는 프림가 설탕의 양이다. 프림은 설탕 못지 않는 고칼리 식품이다.

적게 먹고 배부르고 영양가 있는 식품으로 포만감 높인다.

배부른 느낌을 줄 수 있는 부담 없는 식품 선택방법

배가 고프다는 느낌을 참아야 한다는 것만큼 괴롭고 정신적으로 고통을 주는 것도 드물다.
따라서 공복감을 어떻게 극복해 나가느냐 하는 것이 다이어트 성공의 열쇠가 된다.
왜 배가 고파지는 것일까? 우리들이 음식을 먹으면 체내에 소화흡수 되어 활동에 필요한 에너지로
바뀌고, 남은 것은 글리코겐(당류)이나 지방 등의 형태로 체내에 축적된다.
하지만 배가 고파지면 혈액 중의 포도당 농도(혈당치)가 내려 감지되어 대뇌에 전달되면 대뇌는
체내에 축적되어 있는 물질을 에너지로 바꾸게 하는 지령을 내림과 동시에 스스로에게 '배가 고파졌다' 는
신호를 보내 느끼게 되는 것이다. 이 신호에 과잉반응해 버리면 비만이 되고 만다.
공복감을 이기는 음식물은 당분이 낮으면서도 만복감이 있고 또 에너지가 적은 것으로 신중하게 선택해야 한다.

치즈 ●●

충족감을 주면서도 영양이 풍부한 식품 중의 하나가 치즈. 지방분이 4~5%(0%인 것도 있다)정도로 낮으면서도 위속에 머무는 시간이 길어 만족도를 높일 수 있다. 또한 단백질이나 칼슘도 풍부하므로 영양이 밸런스를 취하는 데에도 훌륭하다. 물론 잼이나 꿀로 맛을 낸다거나 과일을 곁들이는 것은 피해야 한다. 치즈 1/2쪽 정도를 하루에 2번, 배가 고플 때 천천히 오래 씹어 먹으면 좋다.

사과 ●●

사과는 80%가 수분으로 구성되어 있고 비타민도 풍부하고, 몸의 독소를 배설시키는 작용이 있어 다이어트 식품으로 애용되고 있다. 다이어트의 식품으로 이용할 때는 부드러운 골덴 종류보다는 과육이 단단한 홍옥, 국광, 후지 등이 더 좋다. 하지만 200g에 약 1백칼로리를 갖고 있는데다가 당질이 많기 때문에 지나치게 의존하는 것은 바람직하지 못하다.

포도 ●●

포도에는 수분·당질·주석산·사과산·펩틴·철분·칼슘 등 유효성분이 풍부하게 들어 있다. 이 성분들은 피부의 윤기와 팽팽함을 유지하는데 효과적일 뿐만 아니라, 피로의 원인이 되는 젖산 분해를 촉진시켜 피로회복에 놀라운 효과를 나타낸다.

특히 질 좋은 수분이 포도의 80퍼센트 이상을 차지하고 있어 공복시 먹으면 포만감이 느껴진다. 당질은 소화흡수가 쉬운 포도당과 과당 형태로 되어 있어 위장에 전혀 부담을 주지 않는다.

●● 감자

감자는 칼슘이 풍부하고 열량도 1백g(감자 1개 정도)에 77칼로리 밖에 되지 않아 속이 허전할 때 안성마춤이다. 감자는 껍질째 푹 삶아야 영양 손실을 줄일 수 있고 맛도 더 있다. 마요네즈나 드레싱을 가하지 말고 찐 감자를 물 1컵과 함께 먹는다.

●● 미역

미역은 미네랄과 비타민이 풍부한 식품으로 특히 칼슘함량은 분유와 맞먹을 정도로 많이 들어 있다. 미역의 강한 알칼리성은 밥, 달걀, 고기, 생선 등의 산성식품을 먹었을 때 산도를 중화시키는 작용도 뛰어나다. 특히 몸이 부석부석하고 부기가 있을 때 미역 속의 요오드 성분은 신진대사를 증진시켜 부기를 내리는 효능도 있다. 칼로리도 낮고 양도 많아 배고플 때 먹기에는 포만감이 좋다. 소금으로 싱겁게 간을 한 미역국(미역의 비율이 많게)을 1컵 정도 먹거나, 생미역을 데쳐 레몬즙을 뿌려 먹는다.

식사습관을 고침으로 스트레스를 막고 과식을 줄인다

잘못된 식사습관은 일상생활의 스트레스를 높이는 데에도 적지 않은 역할을 한다. 불규칙한 식사, 인스턴트 식품, 커피나 음주 습관 등은 집중력의 약화와 초조, 불안감을 가중시킨다. 다음은 스트레스에 강한 체력을 만들어주는 간단한 영양상식이므로 기억해 두고 활용한다면 많은 도움이 될 수 있다.

과식이 스트레스 체질을 만든다

과식은 체내에 에너지를 많이 남기게 되어 피로하기 쉽고 스포츠를 즐길 기운도 없어지며 몸은 굳어져서 긴장하기 쉽고 호흡도 얕아져서 만성피로 체질을 만들기 쉽기 때문에 스트레스의 원인이 된다. 몸을 가볍게 놀릴 수 있도록 적당한 식사습관이 스트레스를 막는데 도움이된다.

칼슘 부족이 불안과 초조함을 이끌어 낸다.

어떤 한 실험에 의하면 흰 쥐를 칼슘결핍증에 걸리게 해서 쥐의 행동을 관찰해 보니 쥐가 불안해 하며 난폭해지고 결국에는 서로 잡아먹는 일까지 일어난다는 연구가 있었다 스트레스가 많아지면 체내의 칼슘은 소비되고 또한 소변가운데 칼슘 배설량이 많아져 칼슘부족을 심화시킨다.

칼슘은 자율 신경계통의 안정 뿐만 아니라 스트레스로 가장 잃기 쉬운 비타민 B1의 저장에 중요한 역할을 하므로 칼슘을 보충해야 한다.

칼슘을 보충할 수 있는 음식물로는 우유, 두부, 치즈, 마른 새우, 무말랭이 등이 있는데 이러한 것을 많이 섭취하는 것이 스트레스 강도를 낮추는데 좋다.

설탕을 과잉 섭취하면 스트레스를 유발한다.

사람들은 공복시에는 화를 잘 내고 불안해 하는데 이러한 것은 인체 내의 혈당치가 상승하기 때문이다. 즉 설탕을 많이 먹게 되면 인체내의 혈당치가 올라가서 스트레스를 유발하는 요인으로 작용한다는 것이다. 당뇨병 환자가 급격히 증가한 것을 보면 설탕의 과잉섭취는 반드시 피해야 할 것이다.

비타민 C는 스트레스를 방지한다.

쥐나 고양이 또는 그 밖의 다른 동물들도 스트레스를 받으면 당장 체내에서 비타민 C를 만들어 낸다.

그러나 사람의 경우는 그러지를 못하기 때문에 비타민 C군이 많이 포함되어 있는 음식물을 섭취하는 것이 스트레스 방지에 많은 도움을 준다. 과일류 가운데에서도 특히 딸기, 키위가 비타민 C가 많고 야채, 감자나 양배추, 녹차류 역시 비타민 C를 많이 함유하고 있는 식품이다.

짠 음식은 삼가하는게 좋다

짠 음식을 먹게 되면 산의 분비를 촉진시키고 강렬한 소화액이 위벽을 침투해 위궤양의 원인이 된다. 스트레스가 쌓이면 혈관의 운동이 원활하지 못하여 위의 내벽을 덮고 있는 보호막의 형성이 어려워진다. 이럴 때에 자극성이 강한 음식을 먹게 되면 위의 산분비를 자극 해서 위장병에 걸리기가 쉽다. 그러므로 될 수 있는대로 짠 음식도 피하는 것이 좋다.

지방질의 섭취량을 줄인다.

스트레스가 심해지면 고혈압, 심장병등에 걸리기 쉽다. 이러한 병에 걸리기 쉽도록 하는 것이 지방질을 과잉으로 섭취하는 것이다. 콜레스테롤의 양이 많아지고 혈관이 막혀서 늘어 지고 여러 형태로 순환기 계통과 뇌를 빨리 노화시킨다. 스트레스를 높이지 않으려면 지방질 섭취량을 조절해 나 가는 생활습관을 길러야 한다.

정말 나쁜 식습관 3가지

1. 한번에 먹는 것, 계속 먹는 것, 빨리 먹는 것

천천히 씹는 것으로 과식을 방지하도록. 살찐 사람에게 많은 것이, 한꺼번에 먹거나, 계속 먹거나, 빨리 먹는다. 어느 쪽이든 과식하기 쉬운 특징을 갖고 있다. 이런 사람은 천천히 씹어서 먹는다면, 대뇌의 만복중추가 자극받아, 만복 사인을 빨리 하게된다. 또 주말이 되면 기분이 개방적이 되어 계속 먹게 되는 사람은, 취미나 스포츠로 외출의 기회를 많이 만들도록 하자.

2. 하면서 먹는 것, 간식

과자나 주스를 집에 사두는 것은 삼가자. 무언가 하면서 먹는 것은 만복중추의 운동을 둔하게 하고, 만복감을 느끼기 힘들게하므로, 과식이 될 가능성이 높다. 식사시간에는 식사만을 즐기도록 하자. 또 간식도 하루 섭취 칼로리를 높이는 큰 요인이다.

3. 기분전환을 위해서 먹는 것, 화가 나서 먹는 것

식사 이외의 스트레스 해소법을 생각해내자. 초조할 때나 스트레스가 쌓일때 그것을 해소하기 위해서 먹는 사람은 가능한 먹는 것 이외의 다른 것으로 기분전환하는 방법을 생각해 보자.

● 사과다이어트

사과는 다이어트에 효과적일 뿐 아니라 피부개선, 변비에도 좋다. 사과는 섬유소가 많고 그 섬유는 거의 소화되지 않아 포만감이 오랫동안 유지되므로 식전에 먹으면 과식을 방지할 수 있다.

⊙ 방 법

❶ 3일 동안 사과만 먹는다. 먹고싶은 만큼 양껏(주로 5~7개 정도) 먹어도 된다.
이때, 물에 씻어서 껍질째 또는 깎아서 먹어도 상관없다.

❷ 3일째 밤과 그 다음날 아침에는 올리브유를 작은 스푼으로 두 스푼 마셔서 숙변을 제거하도록 한다.

❸ 다이어트가 끝나면 입맛이 변하기 때문에 음식은 늘 싱겁고 적게 먹어야 한다.

❹ 다이어트가 끝나면 2~3일 동안 위에 부담이 없는 음식을 먹어야 한다.
갑자기 무리해서 음식을 먹게 되면 다이어트 기간동안 부족된 에너지를 보충하기 위한 체내 흡수율이 높아진다. 죽이나 야채 등의 가벼운 식사로 서서히 몸을 예전 상태로 돌리도록 한다.

⊙ 주의사항

· 1회 다이어트 기간은 3일을 넘기지 말아야 한다. 그 이상은 반복할수록 체중 감량 효과가 떨어진다.
· 물은 많이 마셔도 괜찮으나 카페인이 들어있는 커피나 홍차, 녹차, 탄산 음료 등은 금한다.

⊙ 문제점

사과만 먹기 때문에 영양 불균형을 초래한다. 일시적인 체중 감량 효과는 있지만 지방이 줄어드는 것이 아니라 수분과 근육이 감소로 인한 것이다. 다이어트의 궁극적인 목표는 체지방을 줄이는데 있기 때문에 일시적인 수분감소로 인해 체중을 줄이는 것은 별 효과가 없다고 할 수 있다.

● 감자다이어트

감자 다이어트는 식사 대신 감자만 먹는 원 푸드 다이어트 방법의 하나이다. 중간 크기의 감자 1개(100g)는 약84㎉로 같은 칼로리의 음식에 비해 포만감을 많이 느낄 수 있고, 또한 식이섬유인 펙틴이 들어 있어 변비나 설사 예방에 좋다.

⊙ 감자는

❶ 우수한 알칼리성 식품으로 칼륨, 철분, 마그네슘 등의 무기질과 비타민 B군, 비타민C 등의 비타민이 골고루 들어 있다.

❷ 감자에 들어 있는 비타민 C는 가열해도 잘 파괴되지 않으며, 아미노산 조성이 우수하여 필수 아미노산을 골고루 가지고 있다.

❸ 특히 식물성 식품이면서 필수 아미노산인 라이신이 동물성 식품과 맞먹을 정도로 들어 있다.

⊙ 감자 고르는법

밭 감자가 수분이 적어 논 감자보다 영양소의 비율이 높다. 눈 자국이 패인 것이 품질이 좋은 것이고, 녹색으로 변한건 식중독의 원인이 되므로 피한다.

⊙ 감자 다이어트 하는 방법

● 3일만 실시!

아침 : 식사 대용으로 아침마다 생감자즙을 1컵씩 마신다. 감자를 한 개 깨끗이 씻어 껍질을 깎는다. 이것을 물속에 담가두었다가 다음날 갈아서 마신다.

점심 : 감자를 두 개 정도 쪄서 먹는다. 찐 감자 대신 감자를 많이 넣고 감자밥을 지어 먹어도 좋다.

저녁 : 아침과 마찬가지로 생감자즙을 한 컵 마시고 알감자 조림을 몇 개씩 먹는다.

● 뚱뚱이 되는 습관 & 홀쭉이 되는 습관

❶ 같은 양을 먹더라도 허겁지겁 빨리 먹는다 ↔ 천천히 먹는다

❷ 참았다가 몰아먹는 듯 폭식을 한다 ↔ 항상 정한 양만 먹는다

❸ 음식을 남기지 못하고 끝까지 먹는다 ↔ 음식을 깔끔하게 정리해 둔다

❹ 손이 크다 ↔ 항상 약간 모자란듯만 요리한다

❺ 길에 다니면서 먹는다 ↔ 스트레스를 받으면 먹지 않는다

❻ 움직이기 싫어한다 ↔ 자꾸 움직인다

❼ 패스트푸드나 인스턴트 식품을 좋아한다 ↔ 몸에 맞지 않아 거부한다

❽ 심심하면 먹고 자기 전에도 잘 먹는다 ↔ 심심하면 재미있는 일을 찾는다

● 날씬이들의 식습관

무심코 지나가는 식사시간… 이 식사시간의 작은 습관이 날씬한 몸매를 유지하느냐 무심코 살이 찌고 마느냐에 아주 중요한 역할을 한다. 식사 중에 실천 할 수 있는 다이어트 생활 습관을 살펴보자.

❶ 식사시간에는 느린 음악을 듣는다. 빠른 음악은 먹는 속도를 빠르게 하지만 느린 음악을 들으며 천천히 식사하는 습관을 갖도록 한다.

❷ 내 손으로 요리하여 먹는다. 인스턴트 식품이나 외식을 삼가고 기름, 설탕, 조미료 양에 주의하며 식사 준비를 한다. 정확한 양을 알고 싶다면 주방용 저울, 계량컵, 계량스푼 등의 계량기구를 이용하는 것도 좋은 방법. 또한 요리하는 동안 맡은 음식 냄새로 인해 식욕을 줄일 수 있다.

❸ 밥은 잡곡밥을 준비한다. 흰쌀보다 많은 영양성분이 들어 있고 섬유질 함량이 높아 쉽게 만복감이 온다.

❹ 반찬은 작은 그릇에 담아낸다. 작은 그릇에 가득 담긴 반찬을 보면 같은 양 혹은 소량일지라도 만족감을 느끼게 된다.

❺ 식사 전에 국물을 먹는다. 야채나 해조류로 요리한 국을 식사 전에 먹는다면 포만감을 느끼게 되어 식사량을 줄일 수 있다.

❻ 씹는 동안은 수저를 내려 놓는다. 음식물을 먹은 후 일정 시간이 지나야 배부르다는 신호가 전달되므로 먹는 중간 중간에 수저를 내려놓아, 천천히 식사하여 적은 양으로도 배부른 느낌을 받을 수 있다.

❼ 식사 후에 바로 양치질을 한다. 더 먹고 싶은 아쉬움을 씻어내고, 귀찮아서라도 간식을 먹지 않게 된다.

● 얼굴 작아지는 습관

❶ **거울 보면서 표정 연습하기**

최대한 안면 근육을 자주 움직여 얼굴이 살찔 틈을 없애자. 거울을 보면서 생긋 웃는 표정을 짓거나 찡그리는 식으로 근육을 자주 풀어주자.

❷ **껌 씹으면서 얼굴 근육 단련하기**

혀를 움직여 얼굴 표정을 단련시키는 것. 껌을 씹으며 혀끝을 둥글게 한 다음 껌을 캐치볼하듯 좌우 양쪽으로 움직이는 것을 반복한다. 식후마다 좌우 10회 반복한다.

❸ **아-에-이-오-우 체조**

우리가 평소 사용하는 얼굴 근육은 훨씬 적다. 소곤소곤 말하기 보다 아-에-이-어-우 등 입을 크게 벌려 발음 연습을 하면 찐 얼굴살도 자연스럽게 빠진다. 얼굴에 근육통이 일어날 정도로 입을 크게 움직이는 것이 포인트.

❹ **발목을 움직이기**

신진대사를 원활하게 해 몸의 긴장을 푸는 것. 왼쪽 다리를 오른쪽 무릎 위에 올리고 발끝을 앞으로 향하게 한 후 안쪽 복사뼈 밑부분을 중심으로 왼손은 발등, 오른손은 발 뒤꿈치를 잡는다. 오른손은 바깥쪽으로 왼손은 발등을 감싸듯이 발을 돌린다. 좌우 30초간 반복한다.

❺ **어깨 운동으로 목근육 풀기**

뭉친 목근육을 풀어주면 턱선이 훨씬 갸름해진다. 팔을 교차시켜 어깨를 감싸고 팔꿈치를 어깨 높이 만큼 올린 후 천천히 어깨로 8자를 그리되 머리는 움직이지 않는다. 매일 1~2분 정도 실시하면 효과적이다.

얼굴을 날씬하게 만드는 화장법

이마, 콧등, 눈밑, 턱 아래… 명암에 따른 얼굴선 표현법

유난히 볼 살이 많거나 광대뼈가 튀어나온 경우 작고 갸름한 얼굴을 소망한다. 특별한 트러블이 없더라도 자그맣고 부드러운 얼굴 윤곽을 갖고 싶은 것은 모든 여성들의 바람. 메이크업을 할 때 부위별로 명암을 조절해 주면 라인이 한결 부드럽게 살아나고, 자그마한 얼굴을 표현할 수 있다.

1. 기초화장

세안후 화장수와 로션, 메이크업 베이스를 바르고, 파운데이션과 파우더 단계까지 거친 기초 메이크업 상태. 이 단계에서 색조 화장을 하면 메이크업이 마무리 되지만 얼굴 윤곽을 조절해 갸름한 피부를 만들고 싶다면…

2. 이마와 콧등

이마와 콧등에 하이라이트를 표현할 때는 베이지 색상을 커다란 브러시에 묻혀 이마의 중간 부분을 가로로 넓게 펴 바른다. 콧등도 마찬가지로 세로 방향으로 밝은 톤의 베이지 색상을 펴 바른다.

3. 눈밑과 턱아래

놓치지 말아야 할 부분 중 하나가 눈밑과 턱아래. 눈밑은 그늘진 부분에 넓게 펴바르고, 턱 아랫 부분은 입술 바로 아래 중간 부분을 둥글리며 하일라이트를 준다.

4. 양 볼

마지막으로 양볼과 턱 뼈 부위에 다크 브라운 색상을 펴 바르는데 브러시는 관자놀이부터 눈꼬리 아래까지 세로로 길게 넣어 얼굴을 보다 작게 표현한다. 이때 너무 진하게 바르지 않도록 주의한다.

어떤 물로 세안할까?

1단계 : 뜨거운물

뜨거운 물을 받아 얼굴 가까이 대고 김을 쐬인다. 더운 김으로 모공을 열어주면 세안시 피지와 노폐물이 훨씬 쉽게 제거된다. 이 뜨거운 물로 얼굴을 씻는 건 아니다. 피지분비가 심한 사람은 T존 부위를 뜨거운 물로 닦아낸다.

2단계 : 미지근한 물

비누를 사용할 때 물의 온도는 15~25도 정도의 미지근한 상태가 적당하다. 비누가 잘 녹아서 거품이 쉽게 일어날 뿐만 아니라 모공을 적당히 열어줘 더러움이 쉽게 씻긴다. 또한 물이 너무 뜨거우면 피부의 지방분과 수분을 빼앗아가 피부타입을 약건성으로 만들 우려가 있다.

3단계 : 차가운 물

미지근한 물로 헹군 뒤 세안 마지막 단계에서 찬물을 이용한다. 피부에 긴장을 주고 열린 모공을 닫아주는 역할을 하기 때문이다. 특히 이 단계에서는 깨끗한 물로 여러 번 헹구는 것이 중요하다.

1. 증기로 모공 열기

뜨거운 물을 받아 얼굴 가까이 대거나 스팀타월을 이용해 모공을 열어준다. 피지와 노폐물을 제거하기 쉽게 만드는 준비 단계이다.

2. 충분한 거품 만들기

먼저 손을 씻은 뒤, 다시 손에 비누칠을 한다. 비누는 세로로 비벼 크게 움직이면 물과 섞여 거품이 잘 난다. 부드러운 소재의 세안용 솔로 살짝살짝 문질러주면 입자가 고운 거품이 풍부하게 일어난다.

3. T존에서 시작, 둥글게 마사지

기름기가 많은 T존 부위에서 시작해 이미 턱에 먼저 거품을 묻힌다. 다시 손끝에 거품을 묻힌 뒤 뺨을 중심으로 마사지하듯 안에서 바깥쪽으로 원을 그리며 문지른다.

4.. 꼼꼼히 오래오래 헹구기

거품을 헹굴 때는 물이 조르륵 흘러가도록 헹궈준다. 처음에는 받아 놓은 물을 헹구더라도 마지막에는 흐르는 깨끗한 물에 헹군다.

5. 수건 마사지로 마무리

수건으로 물기를 닦아낼 때는 얼굴을 톡톡 두드리듯 제거한다.

피부가 예뻐지는 생활습관 10가지

1. 물을 무조건 많이 마신다

피부에 부족한 수분을 채워줄 수도 있고 노폐물을 빠르게 배설시켜 피부를 탱탱하고 윤기있게 하는 데 한몫하기 때문이다. 하루에 섭취하는 이상적인 양은 1000ml이다. 아침에 일어나자마자 생수 한 컵 마시는 습관과 밥을 먹기 전에 물 한 컵 마시는 습관을 들이는 것이 좋다. 이것은 변비에도, 다이어트에도 좋다.

2. 외출할 때 자외선 차단 제품은 필수

이것이 번거롭거나 피부가 무겁게 느껴진다면 요즘 브랜드에서 많이 출시되고 있는 자외선 차단제가 함유된 제품을 사용하는 것이 좋다.

3. 미용도구는 항상 깨끗이!

피부에 직접 닿는 미용도구는 다른 사람과 함께 쓰는 것은 좋지 않고, 일주일에 한두 번 정도는 깨끗이 빨아주는 것이 바람직하다.

4. 화장품을 냉장고에 보관한다.

화장품의 성분을 신선하게 보존하기 위해서 냉장고에 보관한다. 특히 스킨이나 고기능성 화장품은 냉장고에 보관토록 한다.

5. 야채는 많이 먹을수록 좋다

충분한 야채의 섭취는 배변 활동에도 효과가 있으며 탱탱한 피부를 가꿔주는 데도 좋다.

6. 철저한 이중 세안

철저한 클렌징은 피부 미인의 필수 조건. 설사 외출을 하지 않았더라도, 그리고 메이크업을 하지 않았더라도 반드시 잠자리에 들기 전 마지막 세안에는 폼클렌징을 해주는 것이 좋다.

7. 헤어스타일에 신경을 쓴다.

머리카락이 이마나 볼에 닿는 헤어스타일은 피하고, 피부에 뾰루지나 잡티 같은 것이 생기면 그것을 가리기보다는 헤어 밴드 등을 이용하여 머리를 깔끔하게 올려주는 것이 피부에 좋다.

8. 찬물 패팅이 효과적

비누 세안시에는 미온수를 사용하고 마지막에는 찬물로 패팅을 한다. 이것은 얼굴선을 다듬어 주고 피부에 긴장을 주므로 바람직하다. 살이 많은 볼과 턱 아랫부분에 집중적으로 실시.

9. 얼굴 때를 밀지 않는다

땟수건을 이용해 얼굴을 미는 것은 피부가 손상됨은 물론이고 각질 보호층마저 없어진다. 얼굴 때는 전문 케어 솔이나 퍼프, 화장품 등을 이용해 조심스레 없앤다.

10. 자야할 시간에 꼭 잔다

밤 10시부터 새벽 2시까지는 신진대사가 활발하여 잠들어 있는 것이 피부에 좋다. 그리고 최소 6시간의 수면 시간을 확보하자.

체지방 날리는 목욕탕 다이어트 - 1

❶ 들어가기 전에 전신을 물에 적시고 모든 물기를 닦아낸다. 타월을 가지고 들어간다.

❷ 사우나는 8~12분이 가장 적당하다. 모래시계나 스톱워치가 있으면 좋다.

❸ 사우나 안에선 긴장을 풀고 편안한 자세를 취한다. 타월로 머리를 감싼다. 땀을 흘리는 동안 몸 속의 기가 밖으로 빠져나가지 않도록 한다.

❹ 땀이 나면 피부를 자극한다. 타월로 팔이나 다리를 문지르거나, 판자나 나뭇잎, 브러시 등으로 문지르는 것도 좋다.

❺ 나오기 2~3분 전부터는 가만히 앉아 땀을 뺄 것. 전신에서 땀이 줄줄 흘러내릴 때에 나오면 좋다.

❻ 사우나실을 나오면 전신 샤워를 해 피부나 머리에 흐르는 땀을 흘려 보낸다.

❼ 땀을 멈추게 하고 신체의 열을 내리게 할 것. 목욕탕에 들어갔다 나와서 몸을 말리는데 드라이어를 이용해도 좋다.

❽ 천천히 휴식을 취하면서 편안히 누워 심신을 안정시킨다. 수우를 마시면 좋다.

❾ 사우나는 3차례 정도 반복하는 게 좋지만 전체 시간이 20분을 넘지 않도록 조심한다.

체지방 날리는 목욕탕 다이어트 - 2

욕탕 목욕으로 하는 목욕 다이어트는 특히 먹는 즐거움을 절대 포기할 수 없고, 특별히 움직이기 싫어하며, 다이어트에 돈을 투자하기 싫어하는 사람들에게 적합하다.

욕조를 이용한 반복 입욕법, 스트레칭 등으로 에너지 대사를 활성화시킴으로써 흐르는 땀은 단순히 체내의 수분을 배출시키는 것이 아니라 칼로리를 소모하는 것이다.

땀1ml에 0.5kcal 정도 소모된다. 빠른 시간에 몸 안에 쌓인 체지방을 제거하는 데 효과적이다. 물의 온도가 41~42℃ 정도가 되도록 욕조에 물을 받아 놓은 후 탕에 들어가 10분 정도 있으면 온몸에 땀이 난다. 그러면 밖으로 나와 건조시키고 다시 탕 안으로 들어간다. 그러고 나서 다시 땀이 나기 시작하면 탕 밖으로 나와 2분간 쉬고, 건조되면 다시 들어가는 반복 입욕을 3~4회 실시한다. 이 고온 반복 입욕법은 칼로리를 땀으로 배출하는 것으로 가벼운 조깅을 한 것과 같은 효과가 있다.

물의 저항을 이용한 스트레칭 목욕법으로 부위별 셰이프업을 욕조 안에서 실시하면 물의 저항으로 두 배의 운동 효과를 볼 수 있다. 가벼운 덤벨이나 생수병을 이용, 간단하게 실시한다.

또 몸을 씻을 때 긴 바디 타월을 이용하지 말고 스펀지나 손을 이용한다. 등, 발끝, 히프 등 손이 잘 닿지 않는 곳은 동작을 크게, 스트레칭 하듯 힘껏 뻗어 씻는다. 반복 입욕이나 고온 목욕 중에는 땀을 많이 흘리므로 목욕 20분전쯤에 우유나 생수를 마시는 것은 좋은 습관. 수분을 보충해 주면 목욕 중에 갈증이 나는 것을 막을 수 있다. 또 입욕은 공복 때가 가장 좋다. 이 때가 여분인 피하지방을 연소시키기 쉽기 때문이다. 또 배가 부를 때 입욕하면 혈액이 위장으로 몰려 소화작용을 방해하기 때문에 좋지 않다.

현미 율무 미숫가루의 다이어트 효과

우리가 즐겨 먹는 쌀은 소화기능을 도와주고 살과 근육을 만들며 위장을 따뜻하게 하고 설사를 그치게 하는 효과가 있다. 이중 현미는 벼의 겉껍질만 제거한 것으로 겨층과 배아가 남아 있어 우리 몸에서 부족해지기 쉬운 필수성분을 보충하여 준다.

율무는 한약명으로 의이인(薏苡仁)이라고 하며, 몸의 습기와 부종을 없애주고 소변을 잘 나오게 하여 습(濕)으로 인한 관절질환이나 통증을 조절하며 설사를 멈추게 하는 효과를 나타낸다. 살충작용도 갖고 있고 밥맛을 떨어뜨려 태음인 체질의 소유자들에겐 다이어트식으로 사용해도 좋은 식품이다.

고소한 맛을 내는 콩은 오장(五臟)을 보하고, 십이경락의 순환을 도와 장위(腸胃)를 따뜻하게 해준다. 또한 식물성 단백질을 많이 함유, 흔히 쇠고기에 비유된다.

따라서 현미 율무 미숫가루는 우리 몸에 부족되기 쉬운 고단백질, 미네랄, 비타민을 보충해 주며 불필요한 습기를 빼주고 부기를 없애주는 효과를 기대할 수 있는 전통식품이라고 할 수 있다. 그러나 위장의 기능이 약하거나 변비가 있거나 불면증이 있는 사람은 피하는 것이 좋다.

〈재 료〉

현미, 율무, 콩, 얼음, 생수 혹은 우유, 설탕 등.

〈만드는 법〉

① 현미, 율무, 콩을 같은 비율로 쪄서 잘 말린 후에 가루로 만든다.

② 생수나 우유에 설탕을 넣어 미리 설탕물을 만들어 놓는다.

③ 그릇에 미숫가루를 넣고 설탕물을 조금씩 넣어 덩어리가 생기지 않게 잘 풀어준다.

④ 얼음, 과일등을 넣어서 시원하게 마신다.

공포의 뱃살에 대한 진실과 거짓

▶ 봄, 가을보다 겨울에 똥배가 더 나온다?
모든 동물이나 사람은 봄, 가을에는 홀쭉해지고 겨울에는 살이 찌는 경향이 있다. 이것은 날씨가 추워지면 다른 계절보다 피하지방이 더 많이 축적되는 경향이 있기 때문이다. 또 날씨가 춥다 보면 실내에서 많이 활동하고 잘 움직이지 않으므로 칼로리 소모가 적고 지방이 쉽게 소모되지 않아 살이 찌는 요인 중 하나가 된다. 그러므로 배가 더 볼록해질 수 밖에 없는 것이다.

▶ 옷 사이즈를 크게 입으면 배가 더 나온다?
몸에 꽉 끼는 옷을 입으면 몸에 힘을 주게 되어 뱃살이 찔 틈이 없게 마련이다. 그렇다고 무턱대고 끼는 옷을 입으면 살이 삐져나와 보기 싫은 몸매가 만들어지므로 적당히 타이트하게 유지 하는 것이 중요 하다는 것 잊지 마세요.

▶ 구부정하게 걸으면 마르면서 똥배만 볼록해진다?
대개 탄수화물 위주로 소식하는 사람은 마르면서 똥배만 볼록~. 말랐지만 거의 운동을 하지 않아 몸무게나 전체 체형에 비해 아랫 배와 허리가 굵은 체형이 된다.

▶ 운동 전 위를 비우면 뱃살이 더 잘 빠진다?
위가 완전히 비어 있을 때나 최소한 식사한 후 2시간 정도 지난 다음 운동을 하면 지방 연소가 잘 되어 뱃살을 빼는 데도 효과적이다. 또 운동을 시작하면 40분 이상 하는 것이 좋다.

▶ 밥 많이 먹으면 똥배가 나온다?
똥배가 나오는 주범은 밥, 국수, 빵, 떡과 같은 탄수화물. 똥배의 원인이 되는 지방이나 변비는 모두 탄수화물을 과하게 먹어 생긴다. 대개 마른 체형이면서 밥을 많이 먹는 사람 중에 유독 똥배가 많이 나온 경우가 많다.

▶ 의자 끝에 엉덩이 걸치고 앉기
의자 끝에 엉덩이를 걸치고 푹 퍼져 있을 때가 많다구요? 축 처져 있다 보면 복부에 긴장감도 없어지고 허리에 무리가 가서 척추에도 이상이 생길 수 있다.

체질에 맞는김치

체질에 따라 그에 맞는 김치를 먹으면 더 좋은 효과가 있습니다. 체질에 맞는 김치를 소개합니다.

백김치와 동치미 – 열이 많은 사람

찬 배추가 주원료이고 차가운 국물을 마시기 때문에 몸에 열이 많은 소양인에게 적당합니다. 그러나 생강이 많이 들어간 김치는 몸이 차가운 사람 몸에 열이 많아 더위를 많이 타는 사람에겐 금물입니다. 오래 먹으면 열이 쌓이고, 음기를 손상해서 눈을 상하게 하므로 주의해야 합니다. 젓갈이 많이 들어간 김치는 열이 많은 사람 차가운 성분의 생선을 주원료로 하는 젓갈 역시 차가운 성분입니다. 몸에 열이 많은 사람에게 적당합니다.

고추 등의 매운 양념이 들어간 배추김치 – 열이 많은 사람

몸이 차가운 사람에게는 배추의 찬 성질을 없애는 고추, 생강, 마늘이 많이 들어간 푹 익은 김치가 적당합니다. 단

구강염, 인후염, 결막염 등의 염증성 질환과 고혈압, 위궤양, 변비, 치질 등이 있는 사람들은 피해야 합니다. 특히 과민성 대장으로 변비가 심한 사람은 고추가 많이 들어간 얼큰한 음식은 피해야 합니다.

무김치 – 열이 많은 사람

무는 음식이 소화되지 않고 맺힌것을 풀어주어 가슴을 탁 트이게 하는 효능이 있습니다. 특히 두부를 먹고 체한 데 좋고, 밀가루 독을 해독해 주므로 국수류를 먹을 때 함께 먹으면 좋습니다.

물김치 – 몸이 뜨거운 사람

투명한 국물에는 특히 유산균이 많이 들어 있습니다. 몸이 뜨거운 사람에게 적당합니다.

김치의 좋은점

김치가 우리몸에 주는 유익을 아래와 같이 정리해 볼수 있습니다.

1. 저칼로리이면서 비타민, 미네랄 등의 영양을 충분히 공급할 수 있습니다.
2. 피부를 아름답게 하는 효과가 있습니다.
3. 위장을 깨끗이 청소하는 기능이 있습니다.
4. 소화기능을 활성회시켜, 배변을 촉진합니다.
5. 혈액 중의 콜레스테롤 양을 줄입니다.
6. 흡수하기 어려운 철분을 섭취할 수 있고, 빈혈이 예방됩니다.
7. 항암작용이 있습니다.
8. 땀을 많이 흘리게 하는 작용이 있습니다.
9. 지방의 축적을 막고, 이미 몸에 붙어 있는 지방을 연소시킵니다.
10. 피하지방의 연소에 필요한 근육을 만듭니다.

비만이란

비만이란 몸 안에 해로운 지방이 많아지는 것으로, 남자는 지방의 무게가 전체 체중의 25%를 넘을때, 여자는 30%를 넘으면 비만으로 봅니다.

비만 여부를 알 수 있는 가장 쉬운 방법은 체질량지수

(BMI : body mass index)입니다. 체중(kg)을 키(cm)의 제곱으로 나눈 값을 체질량지수라고하며, 25(kg/㎡) 이상 일 때 비만으로 간주합니다.

비만은 칼로리의 과다 섭취와 소비 부족으로 여분의 에너지가 몸 안의 지방으로 축적돼 나타나는 '단순성(1차성) 비만'이 대부분입니다. 단순성 비만은 과식이나 폭식, 잘못된 식습관, 활동량의 부족, 우울이나 불안, 스트레스 요인, 비만의 가족력 등과 관련이 깊습니다.

비만은 외모의 문제가 아니라 고혈압, 당뇨병과 같은 만성 질환입니다. 비만 가운데 복부(내장형) 비만이 가장 문제인데, 아시아인은 허리둘레가 남자의 경우 35인치 이상, 여자는 31인치 이상일 때 복부비만이라고 합니다.

우리나라에서는 체질량지수가 높지 않은 사람도 복부비만이 심한 경우가 많은데, 이런 경우에는 당뇨병이나 고혈압, 고지혈증 등 다른 합병증을 유발할 가능성이 높습니다.

뱃살을 부와 인격의 상징으로 여겨서는 곤란합니다. 이런 경우 자기도 모르는 사이에 내장 지방에 의해 온갖 합병증이 생기게 마련입니다. 오히려 살을 빼지 않아도 되는 젊은이들은 살빼기에 극성인 반면 살을 빼야 하는 중년들은 뱃살에 대해 전혀 심각성을 느끼지 못하고 있습니다.

김치 다이어트

김치에는 비만을 예방하고 치료해 주는 세가지 주요 성분이 있어 다이어트에 탁월한 효과를 발휘합니다!

사람은 누구나 아름답고 건강하게 살기를 원하지만, 비만이나 성인병으로 고민하고, 고통하는 분들이 너무도 많습니다.

김치는 지금으로부터 약2000년전부터 조상들의 슬기로운 지혜와 자연의 섭리를 담아 발전을 거듭해 온 식품입니다. 특히 각종 식약 재료와 유산균 발효에 의하여 만들어졌기 때문에, 김치에는 소중한 영양성분과 생리학적 기능성 성분이 함유되어 있습니다.

♣ 비만을 예방 치료하는 중요한 성분 3가지
▶ 에너지 대사 촉진 기능

▶ 체지방질 분해 연소 촉진 기능
▶ 열량소 섭취 억제와 배설촉진 기능

위의 세가지 기능이 비만을 예방하고 치료해주는 역할을 합니다.

특히 이러한 기능들은 정상적인 활동과 인체의 기능을 유지하는 범위 내에서 몸의 균형과 스타일을 만들어 주며, 따라서 건강을 위협하는 단기간의 다이어트 요법과는 그 특성이 다릅니다. 이러한 세가지 기능으로 인하여 김치를 장기적으로 복용하게 되면, 비만을 예방하는데 아주 이상적인 방법이라고 말할 수 있습니다.

김치와 건강

김치내의 영양소는 다양합니다. 각 영양소가 우리 몸에 주는 유익을 알아봅니다.
김치는 어떤 종류의 부재료도 첨가할 수 있기에 필요한 영양소를 보충할 수 있으며, 특히 비타민C, 칼슘 등을 보충할 수 있는 Protective Ffood(보호 식품 : 다른 음식에서 부족하기 쉬운 영양소를 채워줄 수 있는 식품)라 할 수 있고, 비타민과 무기질의 보고입니다. 일반적으로 하루에 300g의 김치를 섭취하면 비타민 및 무기질 1일 영양권장량의 13~104%를 섭취하게 됩니다.

♣ 김치에 포함되어 있는 영양소
김치의 재료들 중에 다음과 같은 영양분들이 포함되어 있습니다.

김치 다이어트

- ▶ 단백질과 지방 : 고춧가루·멸치젓·굴 등
- ▶ 당질 : 고춧가루·마늘 등에 많고, 배추에는 2.4g/100g 정도 함유하고 있다.
- ▶ 칼슘과 인 : 대부분의 재료에 많고, 특히 고춧가루·새우젓·멸치젓·굴 등에 많다.
- ▶ 비타민A(카로틴) : 배추·고춧가루·파·당근
- ▶ 비타민 C : 배추·고춧가루

♣ 대장 건강에 좋은 김치

특히 마늘은 알리신 성분의 강력한 살균효과와 함께 아리티아민(allithiamin)이 되어 비타민B1을 몸속에 오래 보관하도록 하여 활력 증진과 신경안정 효과에 중요한 역할을 하고, 마늘 내의 알리신 및 불포화 지방산은 항암작용이 있는 것으로 알려져 있습니다.

김치는 대장 건강에 중요하게 작용합니다. 발효 중 생성된 유기산과 김치재료로부터 오는 식이 섬유소(dietary fiber) 때문에 변비 예방효과가 있으며, 생성된 유산균과 협동하여 대장암 예방에 중요한 역할을 합니다.

잘익은 김치 국물 한 숟가락엔 108~109개의 유산균이 들어 있는데, 요구르트도 이와 함량이 비슷합니다. 그러므로 한국인은 김치를 매일 먹기 때문에 요구르트를 따로 먹지 않아도 유산균을 충분히 섭취할 수 있는 이점이 있습니다.

중요한 항암성분들은 암을 예방하는 채소류가 주원료이기에 항암 영양소인 비타민C·베타카로틴·식이섬유소·페놀성 화합물·유산균 등 여러 항암 영양소 및 기능성 물질을 많이 가지고 있어 암예방 및 항암 효과를 갖고 있습니다.

최근 본 연구실의 연구에 의하면 시험관 내의 실험 중 에임즈(Ames) 테스트, C3H10T1/2 세포 및 여러 인체 암세포주실험에서 김치는 암예방 효과를 보였으며, 실험동물을 이용한 생체실험에서도 김치 추출물은 암예방 및 항암 효과, 면역증강 효과, 암

세포 전이억제 효과 등이 확인되었습니다.

또한 김치의 고춧가루와 매운 성분인 켑사이신이 살을 빼고 운동지구력을 증진시킨다는 연구가 발표되어 다이어트(비만 예방)에 관심이 많은 여성들에게 김치가 선풍적인 인기를 얻고 있습니다. 그리고 김치 내의 마늘은 활력 및 정력을 증가시킨다고 남성들에게도 인기가 좋습니다.

♣ 김치에 건강에 끼치는 영향

김치와 건강과 관련된 기능성을 요약해 본다면 다음과 같습니다.

- ▶ 식욕을 증가시킴.
- ▶ 저열량 및 고춧가루의 켑사이신으로 다이어트 효과.
- ▶ 쌀밥과 잘 어울리는 영양면에서 균형에 맞는 음식이다.
- ▶ 혈청 콜레스테롤 함량을 낮추고 혈전용해 (fibrinolytic)활성을 갖음.
- ▶ 항산화 효과와 같이 노화를 억제하고 특히 피부 노화를 억제.
- ▶ 자연살해 세포 및 탐식작용이 있는 큰포식세포 의 활성을 높임.
- ▶ 항돌연변이 및 암예방 효과를 갖는다.

이와 같이 김치는 우리 조상이 우리에게 남겨 준 과학적으로 제조된 건강식품입니다.

이처럼 김치를 제대로 이해하고 섭취하게 된다면, 건강에 큰 도움이 될 것입니다.

제철 과일을 이용해 티없는 얼굴 가꾼다

건강한 피부는 윤기가 흐르고 매끄럽다. 피부는 계절이나 주의환경, 나이에 민감한데 특히 계절의 변화는
피부에 큰 영향을 미친다. 겨울철 피부손질을 게을리하면 피부가 거칠어지고 잔주름이 생기게 된다.
찬바람이 불기 시작하는 11월부터 봄바람이 건조한 4~5월까지의 피부관리는 소홀함이 없어야한다.
바깥공기에 차게 된 얼굴이 실내에 들어와 더운공기를 접하게 되면 급격한 온도변화로 피부가 손상되고, 심지어는 얼굴이 빨개지고
화끈거리며 달아오르기도 한다. 또한 실내외의 온도 변화로 피부가 늘어지고 지방분이 많은 피부는 더욱 피부가 늘쩍지근해지면서 화
장이 겉돌게 된다. 이때 땀구멍도 늘어나고 피부에 무리가 생긴다.

사과팩●
넓어진 땀구멍을
조여주는 효과가
있다.
〈준비물〉
사과 1개, 우유 적당량
〈만드는 법〉
❶ 사과를 깨끗이 씻어 2등분해서 씨를
빼고 잘게 썬다.
❷ 우유를 자작하게 붓고 썬 사과를 넣
어 걸쭉하게 끓인다.
❸ 사과가 퍼지면서 겔 상태가 되면 불
에서 내려 차게 식힌다.
❹ 얼굴에 골고루 펴 바르고 20~30분
쯤 후에 미지근한 물에 말끔히 얼굴
을 씻어낸다.

밤껍질팩●
잔주름을 없애고 피부를 탄력있게 가꾼다.
〈준비물〉
밤 속껍질 말린것, 꿀, 탈지분유, 요구
르트 적당량
〈만드는 법〉
❶ 밤은 껍질을 벗겨내고 속껍질을 칼로
얄팍하게 벗겨서 따뜻한 곳에서 바삭
하게 말린다.
❷ 말린 밤껍질을 빻아 곱게 가루로 만
든다.
❸ 밤 껍질 가루에 토종꿀을 1:1 비율로
섞어 갠다.

❹ 탈지분유 1큰술을 넣고 요구르트를
부어 걸쭉하게 잘 갠다.
❺ 눈주위나 입주위등 잔주름이 보이는
주변에 빠짐없이 고루 펴바르고
20~30분쯤 후에 미지근한 물로 깨
끗이 씻어낸다.

● 포도팩
잡티를 제거하고
피부를 매끈하게
한다.
〈준비물〉
포도 적당량, 올리브류 2~3방울, 레몬
1/2개, 탈지분유 적당량
〈만드는 법〉
❶ 포도는 껍질과 씨를 빼고 알갱이를
으깨서 즙을 낸다.
❷ 레몬은 즙을 내고 올리브유와 섞는
다.
❸ 분유를 넣어 되직하게 만든다.
❹ 얼굴에 고루 펴바르고 20분쯤 지난
후에 깨끗이 얼굴을 헹구어낸다.
❺ 스킨으로 정리하고 로션으로 가볍게
마무리한다.

● 수박팩
풍부한 수분으
로 피로를 풀어
준다.
〈준비물〉

수박, 레몬 1/2개, 탈지분유 2큰술, 밀
가루 적당량
〈만드는 법〉
❶ 수박은 파란 껍질만을 얇게 벗겨내고
씨를 발라낸 후 흰부분과 붉은 속을
곱게 으깬다.
❷ 레몬즙을 내어 밀가루와 분류를 넣어
되직하게 갠다.
❸ 적당량을 덜어 거즈로 싸거나 아니면
그대로 얼굴에 발라 20분쯤 지난후
떼어내고 얼굴을 씻는다.
❹ 스킨으로 가볍게 얼굴을 정리하고 영
양오일을 살짝 발라준다.

● 바나나팩
피부진정과
은 각질 제거를 없
애준다.

〈준비물〉
바나나 1/2, 계란 노른자 1개, 들깨, 검
은깨 1작은술
〈만드는 법〉
❶ 바나나 1/2를 믹서에 간다.
❷ 갈아 놓은 바나나에 계란 노른자를
넣어 잘 섞는다.
❸ 여기에 들깨나 검은깨를 갈아 조금
섞는다.
❹ 적당량을 덜어 거즈로 싸거나 아니면
그대로 얼굴에 발라 20분쯤 지난후
떼어내고 얼굴을 씻는다.

거친 피부를 매끄럽게 만드는 팩

■오이팩
진정효과가 뛰어난 오이팩

〈준비물〉

오이 1개, 레몬 1/2개, 탈지분유 2큰술, 달걀 노른자 1개, 밀가루 적당량

〈만드는 법〉

❶ 오이는 깨끗이 씻어 강판에 간다.

❷ 간 오이에 레몬즙을 넣고 분유 2큰술을 섞는다.

❸ 달걀 노른자를 잘풀고 밀가루를 넣어 농도를 맞춘다.

❹ 거즈에 적당량을 덜어 싼 다음 이마, 볼, 입 주위에 20분쯤 얹어둔다.

❺ 깨끗한 물에 얼굴을 헹구어내고 스킨으로 정리한 후 로션과 크림을 정성껏 바른다.

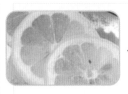

■레몬팩
미백·여드름을 위한 팩

〈준비물〉

레몬 1개, 배 1개, 달지분유, 밀가루 적당량

〈만드는 법〉

❶ 배는 껍질을 벗겨내고 강판에 갈아 즙을 낸다.

❷ 레몬은 즙을 짜서 (1)에 넣어 고루 섞는다.

❸ 여기에 탈지분유와 밀가루를 넣어 약간 걸쭉한 상태로 만든다.

❹ 거즈에 적당량을 덜어 싼 다음 이마, 볼, 입 주위에 20분쯤 얹어둔다.

❺ 깨끗한 물에 얼굴을 헹구어내고 스킨으로 정리한 후 로션과 크림을 정성껏 바른다.

■ 오렌지팩
미백효과와 붉은 피부를 진정시켜준다.

〈준비물〉

오렌지즙 1큰술, 해초가루, 플레인 요구르트

〈만드는 법〉

❶ 오렌지는 즙을 낸다.

❷ 즙을 낸 오렌지에 해초가루를 섞는다.

❸ 여기에 플레인 요구르트를 섞어 농도를 맞춘다.

❹ 10분 정도 지난후 깨끗이 씻어낸다.

❺ 스킨으로 정리한 후 로션과 크림을 정성껏 바른다.

■알로에팩
피부 혈액순환이 뛰어나며 살균효과가 뛰어나다.

〈준비물〉

알로에 4~5cm, 오이 1/3개, 계란 노른자 1개, 꿀 2작은술, 탈지분유, 밀가루 적당량

〈만드는 법〉

❶ 알로에는 강판에 갈아 즙을 낸다.

❷ 오이는 깨끗이 씻어 강판에 갈아 즙을 낸 후 알로에와 섞는다.

❸ 달걀 노른자를 잘개어 ②의 즙에 넣어 섞는다.

❹ 탈지 분유와 꿀, 밀가루를 넣고 잘 갠 후, 얼굴에 고루 바른다.

❺ 20분쯤 후에 미지근한 물로 깨끗이 닦아낸다.

❻ 스킨으로 정리한 후 로션과 크림을 정성껏 바른다.

■ 살구씨팩
각질, 버짐, 기미에 탁월한 효과가 있는 살구씨 팩

〈준비물〉

살구씨, 토종꿀

〈만드는 법〉

❶ 실구씨를 따뜻한 물에 담궈 불린 후 껍질을 벗겨내고 곱게간다.

❷ 토종꿀과 살구씨 가루를 1:1 비율로 섞어 잘 갠다.

❸ 마사지를 끝내고 스팀타올로 얼굴을 정리한 후 재료를 얼굴에 골고루 펴 바른다.

❹ 거즈에 적당량을 덜어 싼 다음 이마, 볼, 입 주위에 20분쯤 얹어둔다.

❺ 스킨으로 얼굴을 정리한 후 영양오일을 발라준다.

■팥가루팩
팥은 멜라닌 색소를 감소시켜 미백에 효과적인 팩이다.

〈준비물〉

팥가루 10g, 쌀겨 3g,

〈만드는 법〉

❶ 팥가루와 고운 쌀겨를 섞는다.

❷ (1)을 면주머니에 넣어 꼭 묻은 후 뜨거운 물에 담근다.

❸ 가볍게 짜서 주근깨가 있는 부위에 5분 정도 가볍게 문질러 준다. 하루에 2~3회 반복한다.

식품, 알고 먹으면 효과가 더욱 크다

늘 먹는 식품이 우리의 건강에 어떤 영향을 미치는지 알고 먹는 사람은 많지 않다. 그냥 습관처럼 먹을뿐이다. 주변에서 가장 많이 만나는 먹거리의 성분과 효능을 소개한다. 가족과 자신의 건강을 지키기 위해 한번 쯤 눈여겨 보고 준비를 할때 참고하면 합리적인 식단을 짜는데 도움이 된다.

▶미나리 – 냉증, 동맥경화, 고혈압, 황달

미나리 특유의 향기를 내는 정유성분은 보온, 발한 작용을 하므로 감기, 냉증 치료에 좋다. 그 밖에도 카로틴, 비타민 C, 철분, 칼슘, 무기질과 식물성 섬유가 풍부해 골다공증과 변비 예방에 도움을 준다. 또한 미나리는 혈압강하 및 해독 작용이 있어 고혈압과 동맥경화, 황달 등의 증세에도 효과가 있다.

▶무 – 소화촉진, 빈혈, 골다공증, 고혈압

무는 소화효소인 디아스타제를 함유하고 있어 소화력이 뛰어나다. 특히 무즙은 소염효과가 있어 두통, 발열 등을 다스리기도 한다.

또 무는 몸을 차게 하는 작용이 있어 숙취해소에도 좋지만, 무의 식물성 섬유가 장내 노폐물을 청소하는 작용을 하므로 대장암 예방에도 좋다. 게다가 무잎에는 철분, 칼슘, 섬유질, 비타민이 풍부해 골다공증, 빈혈 예방에도 효과가 있다. 또 무와 달리 무잎은 몸을 따뜻하게 하는 작용이 있으므로 무잎을 깨끗이 씻어 말려 목욕물에 넣으면 물이 잘 식지 않고 어깨결림이나 요통 증세를 완화시켜 준다.

▶양상추 – 빈혈 예방, 이뇨 작용, 골다공증

카로틴, 칼슘, 철분, 칼륨 등이 많아 빈혈 예방, 골다공증에 도움을 주며 내장의 열을 식힌 작용과 이뇨작용을 한다.

▶양배추 – 감기 예방, 변비, 위궤양

각종 비타민이 풍부하고 칼슘, 식물성 섬유, 필수 아미노산인 리신 성분이 많아 피로회복이나 변비 등의 증세에 좋은 효과를 거둘 수 있고 궤양의 예방과 치료에 특히 효과가 크다.

양배추는 생으로 먹는 것이 좋지만 익혀서 먹을 때는 빨리 익혀야 비타민C의 손실이 적다.

▶쑥 갓 – 거친피부, 야맹증, 변비, 성인병예방

쑥갓은 다른 채소에 비해 비타민 A, B, B2, C를 비롯해서 철분, 칼륨, 칼슘 등 무기질과 섬유질이 풍부하다.

특히 비타민 A는 야맹증치료에 좋으며 거친피부를 매끄럽게 해주고, 칼슘은 신경을 안정시키고, 칼륨은 혈압을 떨어뜨려 주며 각종 성인병 예방에 효과적이다. 또 풍부한 섬유질은 변을 잘 나오게 하고 위와 장을 튼튼하게 하며 소화와 흡수를 좋게 한다.

▶ 가지 – 고혈압, 식욕증진, 콜레스테롤 제거

가지는 기름을 잘 흡수하므로 식물성 기름을 써서 요리를 하면, 콜레스테롤 제거 효과가 있다. 그래서 콜레스테롤 수치가 높아 걱정되는 사람은 가지를 자주 먹는게 좋다.

대부분의 채소가 몸을 차게 하지만, 가지는 특히 그 효과가 높아 고혈압이나 열이 많은 사람이 먹으면 좋다.

▶ 도라지 – 기침, 가래, 천식

한방에는 치료약으로 쓰는 도라지. 흔히 '질경'이라 불리며 호흡기 질환에 좋다. 칼슘과 철분이 풍부한 우수한 알칼리성 식품으로 기침, 가래에 특히 효과가 좋다.

▶ 참깨 – 노화방지

단백질과 철분, 칼슘, 비타민이 풍부한 참깨는 피로회복에도 좋지만 노화를 억제한다. 게다가 참깨는 불포화지방산이라 콜레스테롤 수치를 낮춰주고 동맥경화 예방에도 좋다.

▶시금치 – 빈혈

비타민 A가 가장 많은 채소. 그 밖에도 비타민 C, 철분, 칼슘, 요오드 등을 함유하고 있는데 특히 철분이 많아 빈혈에 아주 좋다.

▶ 쑥 – 생리통, 혈액순환

예전부터 약초로 쓰였던 쑥은 몸을 따뜻하게 하고 혈액의 흐름을 원활하게 한다. 그래서 특히 여자들에게 좋은 것으로 알려져 있다. 쑥은 향긋한 냄새도 좋지만 건강에도 아주 도움이 된다. 생리통이 있을 때 쑥을 달여서 마시면 통증이 완화된다.

▶ 검은콩 – 동맥경화

필수 아미노산과 불포화지방산이 많은 검은콩은 레시틴의 상승효과로 혈관을 튼튼히 해주기 때문에 동맥경화와 고혈압에 아주 좋다. 또 검은콩에 들어있는 사포닌은 혈중 콜레스테롤의 산화 방지에도 효과가 있다.

▶ 메밀 – 치질, 고혈압, 동맥경화

쌀에 없는 비타민과 철분을 함유한 메밀은 모세혈관을 튼튼하게 하는

비타민인 루틴이 들어 있어 고혈압과 동맥경화 예방은 물론이고 궤양성 질환 치료에도 좋다. 특히 메밀은 소화되지 않는 섬유질이 많아서 변비 치료에 효과가 좋다.

▶ 팥 – 피로회복

풍부한 당질과 단백질, 비타민을 함유하고 있어 피로회복에 좋다. 특히 팥죽을 쑤어 먹으면 팥을 삶은 물까지 먹게 되어 식물성 섬유를 많이 섭취하므로 변비 예방에 효과적이다.

▶ 현미 – 각기병 예방, 노화방지

각기병을 예방해주는 비타민 B1을 많이 함유한 현미는 쌀의 당질을 에너지로 변화시키는 작용을 하여 피로회복에 좋은 효과가 있다. 특히 쌀겨층과 씨눈에는 식물성 기름이 많고 리놀레산을 포함하고 있어 노화 방지에 영향을 미친다.

맛있는 음식을 만들려면 신선한 재료가 필요하다

무엇이든 기초가 중요하다. 건강을 위해 맛있는 음식을 만들어 먹고 싶다면 우선 신선한 재료를 선택해야 한다.

수 없이 많은 식품 중에 좋은것을 고르는 일이 결코 쉽지 않지만, 요리조리 살펴본 후 선택하면 틀림없다. 특히 초보 주부는 고르는 요령도 서툴지만 보관 방법을 모르는 경우가 많다. 그래서 신세대 주부가 알아야 할 채소 선택요령과 보관법을 자세히 소개한다.

▶–시금치

● 고르는 법 : 뿌리 가까운 쪽부터 빽빽하게 잎이나있고, 줄기가 굵고 딱딱하지 않으며 싱싱해 보이는 게 맛이 좋다. 잎이 작거나 줄기가 기다란것은 농약을 많이 사용한 것이니 주의해서 고른다.

● 오래 두고 먹으려면 : 오래 두면 잎이 노랗게 변하고 비타민 C가 손실되므로 가능한 한 빨리 먹는 것이 좋지만 며칠 두고 먹어야할 때는 데쳐서 보관한다. 생으로 둘때는 시금치를 신문지에 싼 후 분무기로 물을 약간 뿌려 적당한 습기를 유지하게 한 다음 비닐봉지에 넣어 뿌리를 아래로 가게 세워서 보관한다.

▶–배 추

● 고르는 법 : 전체적으로 잎이 싱싱하고 배추속이 노란것이 맛이 좋다. 또 배춧잎이 밖으로 뻗친것 보다 안쪽으로 말려있는 것이 좋다. 들었을 때 묵직하고 속이 꼭 찬 것이

좋으며 잎은 얇고 연한게 맛이 좋다.

● 오래 두고 먹으려면 : 배추를 통채로 신문지에 싸서 냉장고에 보관한다. 가능하면 세워서 보관하는 것이 훨씬 오래간다. 잎을 아래로 하면 뿌리 무게 때문에 잎이 쉽게 시들러버리니 뿌리를 아래로 하여 보관하는 게 오래 두고 먹는게 요령이다.

▶-오 이

● 고르는법 : 샐러드나 나물처럼 금방 조리해서 먹을 오이는 껍질이 얇고 속이 부드러운게 좋지만, 오이지처럼 오래 두고 먹을 것을 담글때는 색이 진하고, 껍질이 드꺼우며, 속이 단단한게 좋다. 꼭지 부분이 크고 색깔이 흰 오이는 농약을 많이 사용한 것이다. 신선한 오이는 가시가 날카롭고 녹색이 짙으며 꼭지가 빳빳하다.

● 오래 두고 먹으려면 : 통째로 보관하는 채소는 씻지 않는 것이 좋다. 만약 씻었다면 물기를 잘 닦아 비닐봉지에 넣어 냉장고에 보관해야 빨리 상하지 않는다.

▶-당 근

● 고르는 법 : 색이 선명하고 껍질이 얇은 것을 고른다. 특히 슈퍼에 가면 깨끗이 씻어 놓은 당근이 많은데 이런 당근은 싱싱한 것이 아닐 확률이 높다. 흙이 묻어 있는게 오래 두고 먹을 수도 있고 싱싱하며 맛도 좋다. 묵직하고 모양이 울퉁불퉁하지 않은게 좋다. 끝부분이 검은 것은 오래된 것이니 피한다.

● 오래 두고 먹으려면 : 습기나 건조를 방지하기 위해 랩에 싸서 냉장고에 보관한다.

▶-감 자

● 고르는 법 : 껍질이 얇고 얼룩없이 색이 고른 것을 선택한다. 싹이 나거나 다다하지 않은 것은 오래된 것이다.

● 오래 두고 먹으려면 : 공기가 통하는 용기에 담아 통풍이 잘 되는 냉암소에 보관한다. 습기가 많거나 햇빛이 드는 곳에 보관하면 싹이 나기 쉽다.

▶-무

● 고르는 법 : 잎이 싱싱하고 모양이 매끈한 것을 고른다. 씻으면 우윳빛이 나고 머리부분이 푸르며 위 아래의 둘레가 비슷한 것이 맛이 좋다.

● 오래 두고 먹으려면 : 잎이 달린 채로 보관하면 수분과 영양분이 빠져 나가 맛도 떨어지고 무가 바람이 들기 쉬우므로 구입하면 바로 잎을 떼어낸 후 신문지에 싸서 냉장고에 보관한다. 잘랐을 경우엔 자른 부분에 랩을 씌워 보관한다.

▶-가 지

● 고르는 법 : 꼭지 부분이 신선하고 그 부분의 가시가 아플정도로 뾰족한 것이 신선하다. 윤기가 없고 탱탱하지 않은 것은 신선하지 않다.

● 오래 두고 먹으려면 : 비닐봉지에 넣어 냉장고에 보관하면 2~3일 보존이 가능하다.

▶-파

● 고르는 법 : 지나치게 굵거나 뻣뻣한 것은 억세므로 피하고, 잎사귀가 싱싱한 것을 고른다.

● 오래 두고 먹으려면 : 화분에 흙을 담아 파를 심으면 오래 먹을 수 있다. 또는 흙이 묻은 채로 신문지에 싸서 보관하거나, 깨끗이 씻은 파는 랩에 싸서 냉장고에 보관한다. 뿌리나 잎끝으로 수분이 빠져 나가므로 뿌리와 잎끝의 파란 부분을 자른 후 보관하는 것이 포인트

▶-호 박

● 고르는 법 : 너무 크지 않고 껍질이 부드러운 것이 좋다.

● 오래 두고 먹으려면 : 무엇이든 먹을 만큼 사서 한번에 전부 먹는 것이 가장 좋지만, 특히 호박은 금방 상하므로 빨리 먹는 게 좋다. 호박 끝부분이 건조해지지 않도록 보관시 주의하면 2일 정도는 냉장 보관이 가능하다.

PART ② 과일 · 채소로 만드는
온가족 영양만점 건강음료

코 끝에 스치는 바람이 상쾌하게 느끼는 계절.
제철 과일과 채소를 쓱쓱 갈아 만든
프레시 주스, 건강음료...
이제 가족을 위해 직접만들어 보자.
건강과 미용에 효과 만점이다.

칼슘이 풍부해 골다공증도 예방 한다.
두부셰이크

재 료
두부 1/3모, 깨 3큰술, 우유 2컵

만들기
❶ 깨는 분마기에 살짝 갈아둔다.
❷ 믹서에 두부, 우유, 깨를 한데 넣고 갈아서 마신다.

비타민A와 무기질이 풍부하여 어린이나 임산부에게 좋다.
시금치 주스

재 료
시금치 50g , 생수 1컵, 바나나 1개

만들기
❶ 시금치는 흐르는 물에 씻어서 손으로 뜯어 놓는다.
❷ 믹서에 시금치와 자른 바나나, 생수를 넣어 함께 간다.

변비, 소화불량에 효과 만점인 동시에 순환계를 튼튼하게 한다.
셀러리 사과주스

재 료
사과 100g, , 셀러리 50g, 파슬리 1줄기, 물 1컵

만들기
❶ 사과는 껍질을 벗기고 셀러리는 믹서에
   갈기 좋은 크기로 자른다.
❷ 믹서에 사과와 셀러리, 물, 파슬리를 넣고 그대로 갈아서 마신다.

담배 니코틴 해독과 피부 미용에 특히 좋다.
황도주스

재 료
황도(통조림) 3쪽, 레몬즙 1/2개분, 달걀 노른자 1개, 우유 1/2컵

만들기
❶ 통조림에 들어 있는 황도를 굵직굵직하게 썬다.
❷ 믹서에 황도와 레몬즙, 달걀 노른자, 우유를 넣고 잘게 갈아서 마신다.

비타민 C가 풍부하여 피부 미용과 피로회복에 그만
딸기주스

재 료
딸기 10개, 우유 2컵

만들기
❶ 딸기 표면에는 기생충과 농약이 있을 수 있으므로
   흐르는 물에 깨끗이 씻는 것이 중요하다.
❷ 잘 씻은 딸기의 물기를 뺀 다음 꼭지를 따낸다.
❸ 믹서에 딸기와 우유를 넣고 돌리면 부드러운 딸기주스가 된다.

비타민A와 C가 풍부하여 피로회복과 피부미용에 좋다.
오렌지 당근 주스

재 료
오렌지 1개, 당근 300g, 민트 3~4잎, 양배추 1/2잎, 물 1컵

만들기
❶ 오렌지는 껍질을 벗기고 갈기 좋게 적당한 크기로 썬다.
❷ 당근과 양배추도 적당한 크기로 자른다.
❸ 믹서에 오렌지, 양배추, 당근, 민트잎, 물을 한데 넣고 잘게
　 갈아서 만든다.

비타민, 칼슘이 풍부하여 위궤양에 좋은 알칼리성 주스
종합채소주스

재 료
샐러리 1/2대, 토마토 1개, 파슬리 1/2줄기, 양배추 2잎, 요구르트 1개,
물 1컵

만들기
❶ 샐러리, 양배추, 파슬리, 토마토는 깨끗이 씻어서 적당한 크기로 자른다.
❷ 믹서에 채소들과 요구르트, 물을 넣고 갈아서 만든다.

칼륨이 풍부하여 고혈압을 예방한다
키위 레몬주스

재 료
키위 2개, 레몬즙 1/2개분, 물 1컵

만들기
❶ 키위는 껍질을 벗겨서 자르고 레몬은 즙을 낸다..
❷ 믹서에 키위와 레몬즙을 넣고 물을 부어
　 갈아서 마신다.

임산부, 어린이를 위한 영양 보충
오트밀주스

재 료
오트밀(또는 할맥보리) 8큰술, 건살구 30g, 우유 2컵, 물 1/4컵,
기호에 따라 꿀이나 설탕

만들기
❶ 오트밀은 우유에 붓고 전자렌지에 1분간 작동시켜 데운다.
❷ 건살구는 잘게 다져둔다.
❸ 믹서에 오트밀과 우유, 건살구, 물을 넣고 갈아서 마신다.
　 따뜻하게 먹어도 좋고 차게 식혀서 먹어도 좋다.
　 여기에 단맛을 원한다면 꿀이나 설탕을 약간 넣어서 마셔도 좋다.

비타민과 무기질 특히 칼슘과 철분, 요오드등이 어린이나 임신부에게 좋다.
시금치 케일주스

재 료
시금치 50g, 케일 1잎, 우유 2컵, 바나나 1/2개

만들기
❶ 바나나는 껍질을 벗겨 자른다.
❷ 시금치와 케일은 흐르는 물에 씻어서 손으로
　 찢어 넣는다.
❸ 믹서에 바나나, 시금치, 케일, 우유를 넣고 믹서에 간다.

알칼리성 식품으로 피를 맑게 하고 빈혈도 예방한다.
파슬리주스

재 료
파슬리 2줄기, 당근 30g, 레몬 1/2개, 물 2컵

만들기
❶ 파슬리와 당근은 깨끗이 씻어서 적당한 크기로 자른다.
❷ 레몬은 반으로 잘라 즙을 낸다.
❸ 믹서에 파슬리, 당근, 물, 레몬즙을 넣고 갈아서 마신다.

강정효과에 인정되는 건강주스
치코리주스

재 료
치코리, 1묶음, 토마토 1개, 레몬즙 1작은술,
와인 1큰술, 물 1/2컵

만들기
❶ 치코리를 다듬어 깨끗이 씻고 적달한 크기로 자른다.
❷ 토마토는 반으로 잘라 놓는다.
❸ 믹서에 치코리, 토마토, 레몬즙, 와인 물을 넣고 간다.

비타민과 칼슘이 많은 알칼리성으로 위궤양에 특히 좋다.
양배추주스

재 료
양배추잎 6장, 배 1/4쪽, 꿀 1큰술, 드라이진 2작은술, 물 1/2컵

만들기
❶ 양배추잎은 적당히 자른다.
❷ 믹서에 양배추잎, 배, 꿀, 드라이진, 물을 넣고 갈아 마신다.

PART ③ 영양소 흡수를 높이는
식품에도 궁합이 있다

식품 궁합이란 '식품에 함유된 영야소 끼리의 맞춤'을 말한다. 즉 식품 그 자체가 아니라 그 속에 들어 있는 영양소에 중점을 둔다.
영양소를 보다 잘 흡수할 수 있는 식사법이 건강에 좋은 식품 궁합이다.
건강에 좋은 식품 궁합을 식생활에 이용하면 영양소의 흡수율을 2~3할이나 높일 수 있다. 또 이것을 지속하면 조금씩 건강을 향상시킬 수 있을 것이다.

시금치 + 우유

섭취하기 어려운 철분은 우유와 함께 먹으면 효과적이다.
시금치의 철분 흡수를 도와주는 것이 우유가 소화될 때 생기는 CPP(Casein Phospo Peptide)라는 물질이다. CPP는 미네랄 캐처라는 별명이 있을 정도로 철분 이외에도 칼슘등 미네랄류의 흡수율을 높이는데 아주 중용한 물질이다. 요구르트 등의 유제품에서도 CPP가 생긴다.

치즈 + 표고버섯

뼈를 튼튼하게 하는 식품. 비타민D는 칼슘의 대사 등에 영향력이 있으며 칼슘 운전사라는 별명이 있을 정도. 그래서 치즈에 표고버섯을 짝지우면 치즈에 함유된 칼슘 흡수율이 높아지고, 뼈를 튼튼하게 하는데 일조한다. 무칼로리의 표고버섯도 이용가치가 크다.

무우말랭이 + 햄

햄을 더해서 두가지 영양소의 흡수를 높인다. 생무는 비타민 C와 소화를 돕는 디아스타제등이 들어있는 건강야채지만, 이것을 말린 무말랭이에는 철분과 칼슘이 많이 함유되어 있다. 녹미채와 두부처럼 단백질이 들어있는 식품과 짝지어 먹으면 흡수율이 높아진다.

당근 + 버터

버터를 이용하면 당근도 먹기 쉬워진다. 캐로틴을 많이 함유하고 있다는 점에서는 당근이 단연 제일이다. 거친 피부로 고민하고 있는 사람은 특히 좋은 식품이다. 흡수를 좋게 하기 위해 기름을 짝지울때에는 버터를 선택하면 당근 맛이 부드러워진다. 버터 소테를 육류요리에 곁들여본다.

시금치 + 올리브유

시금치는 철분과 칼슘 그리고 캐로틴을 듬뿍 함유한 대표적인 식품이다.
올리브유와 함께 먹으면 크레송과 버터에서 같이 흡수가 좋아진다. 시금치를 올리브유로 볶아서 소금, 후추를 뿌린 간단한 볶음요리는 아침반찬으로 적합하다.

한천 + 팥

다이어트 중의 감미료로 이용하고 싶은 양갱. 건조상태의 한천은 양갱이나 젤리를 만드는데 사용하는 것으로 우뭇가시리 등의 해초에서 제조된다. 한천은 식물섬유에는 당질의 흡수를 방해하고 느리게 하는 작용이 있다. 한천에 팥을 짝지어 먹으면 팥의 당질 흡수가 천천히 이루어진다. 그래서 다이어트 식품으로 좋다.

간 + 요구르트

젊은 여성에게 많은 빈혈의 치료와 예방에는 간요리가 좋다. 간에는 혈액 속의 적혈구를 만드는데 꼭 필요한 철분이 풍부하다. 보다 잘 흡수하기 위해서는 CPP의 힘이 필요하다. CPP는 우유 이외에 요구르트 등의 유제품에서도 섭취할 수 있기 때문에 간요리를 먹은 후엔 디저트로 요구르트를 먹으면 좋다.

명란젓 + 마요네즈

명란젓과 마요네즈로 피부의 노화를 방지한다.

명란젓에 들어있는 비타민 E는 노화를 방지하는 물질을 함유하고 있으며, 피부를 싱싱하게 유지하기 위해 없어서는 안되는 영양소이다. 이것의 흡수를 좋게하는 것이 유분을 함유한 마요네즈. 미각적인 면에서도 좋은 짝이다. 명란젓 이외에도 호박과 참치도 비타민 E가 들어있다.

계란 + 브로컬리

지방이 들어있는 계란과 브로컬리를 함께 먹으면 브로컬리의 캐로틴을 효율 좋게 흡수할 수 있다. 브로컬리에는 비타민 C도 풍부한데 이 비타민 C엔 달걀에 함유된 철분의 흡수율을 높이는 작용이 있다. 아침 식사용으로 적당한 짝맞춤이다.

완두콩밥 + 해초샐러드

파란 완두콩과 해초가 물질의 흡수를 억제한다.

밥의 당질 흡수를 느리게 하려면 식물섬유를 짝지어 먹는게 효과적이다. 파란 완두콩과 해초는 모두 식물섬유를 함유하고 있기 때문에 이들을 함께 먹으면 지방으로 바뀌기가 어려워진다. 그러나 다이어트를 고려한다면, 해초샐러드에 드레싱을 삼가하는게 좋다.

크레송 + 버터

크레송은 캐로틴을 비롯해서 비타민 B2와 C, 철분, 칼슘 등을 풍부하게 갖고 있는 영양가 높은 야채이다. 아름다운 피부를 만들기 위해서도 필요한 캐로틴을 효율좋게 흡수하려면 버터 등의 지방질과 짝지운다. 캐로틴이 버터의 지방에 녹아서 잘 흡수된다.

부추간볶음 + 우유

철분이 풍부한 부추 간 볶음에는 우유를 곁들인다.

부추와 간을 합쳐서 볶는 요리는 중국요리의 정석이다. 이 두 가지의 식품엔 철분이 풍부하게 함유되어 빈혈 증상의 사람에게도 권장하는 요리이다. 식후에 우유를 마셔보자. 우유가 소화될때 생기는 CPP가 철분 흡수를 촉진하고, 또 우유에 들어있는 칼슘을 간의 비타민 D가 흡수하기 쉽게 한다.

된장국 + 바나나

우리가 자주 먹는 된장국이나 된장찌개에는 염분이 많이 들어있다. 건강을 위해서 염분의 과섭취는 금물이다. 그래서 식후의 디저트엔 바나나를 먹어보는게 좋은데 당질이 많다는 바나나지만 칼슘도 함유되어, 이 칼슘이 염분의 배설을 도와서 염분을 줄이는 효과를 증진시킨다.

부추 + 참기름

고소한 참기름이 부추의 냄새를 없앤다. 부추에 함유된 캐로틴은 시금치보다 풍부하다. 독특한 냄새가 있지만 이것은 가열로 억제되며 단맛도 생긴다. 캐로틴을 효과적으로 섭취하기 위해선 샐러드유도 괜찮다. 그러나 고소한 참기름과 짝지우면 부추냄새가 질색인 사람도 신경이 쓰이지 않게 된다. 중국요리식 볶음요리라면 더욱 이 짝지움이 어울린다.

빵 + 햄

빵은 당질이 흡수되기 쉬운 식품이다. 이 당질은 힘있게 움직이는 데에 꼭 필요한 것이다. 그리고 당질을 원활하게 대사하려면 비타민 B1을 함유한 햄을 빵과 짝지우면 당질이 체내에서 유연하게 에너지로 사용할 수 있게 되어 지방이 붙기 어렵게 된다.

적게 먹고 배부르고 영양가 있는 식품으로 포만감 높인다.

배부른 느낌을 줄 수 있는 부담 없는 식품 선택방법

배가 고프다는 느낌을 참아야 한다는 것만큼 괴롭고 정신적으로 고통을 주는 것도 드물다.
따라서 공복감을 어떻게 극복해 나가느냐 하는 것이 다이어트 성공의 열쇠가 된다.
왜 배가 고파지는 것일까? 우리들이 음식을 먹으면 체내에 소화흡수 되어 활동에 필요한 에너지로
바뀌고, 남은 것은 글리코겐(당류)이나 지방 등의 형태로 체내에 축적된다.
하지만 배가 고파지면 혈액 중의 포도당 농도(혈당치)가 내려 감지되어 대뇌에 전달되면 대뇌는
체내에 축적되어 있는 물질을 에너지로 바뀌게 하는 지령을 내림과 동시에 스스로에게
'배가 고파졌다'는 신호를 보내 느끼게 되는 것이다. 이 신호에 과잉반응해 버리면 비반이 되고 만다.
공복감을 이기는 음식물은 당분이 낮으면서도 만복감이 있고 또 에너지가
적은 것으로 신중하게 선택해야 한다.

치즈

충족감을 주면서도 영양이 풍부한 식품 중의 하나가 치즈. 지방분이 4~5%(0%인 것도 있다)정도로 낮으면서도 위속에 머무는 시간이 길어 만족도를 높일 수 있다. 또한 단백질이나 칼슘도 풍부하므로 영양이 밸런스를 취하는 데에도 훌륭하다. 물론 잼이나 꿀로 맛을 낸다거나 과일을 곁들이는 것은 피해야 한다. 치즈 1/2쪽 정도를 하루에 2번, 배가 고플 때 천천히 오래 씹어 먹으면 좋다.

사과

사과는 80%가 수분으로 구성되어 있고 비타민도 풍부하고, 몸의 독소를 배설시키는 작용이 있어 다이어트 식품으로 애용되고 있다. 다이어트의 식품으로 이용할 때는 부드러운 골덴 종류보다는 과육이 단단한 홍옥, 국광, 후지 등이 더 좋다.
하지만 200g에 약 1백칼로리를 갖고 있는데다가 당질이 많기 때문에 지나치게 의존하는 것은 바람직하지 못하다.

포도

포도에는 수분·당질·주석산·사과산·펩틴·철분·칼슘 등 유효성분이 풍부하게 들어 있다. 이 성분들은 피부의 윤기와 팽팽함을 유지하는데 효과적일 뿐만 아니라, 피로의 원인이 되는 젖산 분해를 촉진시켜 피로회복에 놀라운 효과를 나타낸다.
특히 질 좋은 수분이 포도의 80퍼센트 이상을 차지하고 있어 공복시 먹으면 포만감이 느껴진다. 당질은 소화흡수가 쉬운 포도당과 과당 형태로 되어 있어 위장에 전혀 부담을 주지 않는다.

감자

감자는 칼슘이 풍부하고 열량도 1백 g(감자 1개 정도)에 77칼로리 밖에 되지 않아 속이 허전할 때 안성마춤이다. 감자는 껍질째 푹 삶아야 영양 손실을 줄일 수 있고 맛도 더 있다. 마요네즈나 드레싱을 가하지 말고 찐 감자를 물 1컵과 함께 먹는다.

미역

미역은 미네랄과 비타민이 풍부한 식품으로 특히 칼슘 함량은 분유와 맞먹을 정도로 많이 들어 있다. 미역의 강한 알칼리성은 밥, 달걀, 고기, 생선 등의 산성식품을 먹었을 때 산도를 중화시키는 작용도 뛰어나다.
특히 몸이 부석부석하고 부기가 있을 때 미역 속의 요오드 성분은 신진대사를 증진시켜 부기를 내리는 효능도 있다.
칼로리도 낮고 양도 많아 배고플 때 먹기에는 포만감이 좋다.
소금으로 싱겁게 간을 한 미역국(미역의 비율이 많게)을 1컵 정도 먹거나, 생미역을 데쳐 레몬즙을 뿌려 먹는다.

식사습관을 고침으로 스트레스를 막고 과식을 줄인다

잘못된 식사습관은 일상생활의 스트레스를 높이는 데에도 적지 않은 역할을 한다. 불규칙한 식사, 인스턴트 식품, 커피나 음주 습관 등은 집중력의 약화와 초조, 불안감을 가중시킨다.

다음은 스트레스에 강한 체력을 만들어주는 간단한 영양상식이므로 기억해 두고 활용한다면 많은 도움이 될 수 있다.

과식이 스트레스 체질을 만든다.

과식은 체내에 에너지를 많이 남기게 되어 피로하기 쉽고 스포츠를 즐길 기운도 없어지며 몸은 굳어져서 긴장하기 쉽고 호흡도 얕아져서 만성피로 체질을 만들기 쉽기 때문에 스트레스의 원인이 된다. 몸을 가볍게 놀릴 수 있도록 적당한 '식사습관'이 스트레스를 막는데 도움이된다.

칼슘 부족이 불안과 초조함을 이끌어낸다.

어떤 한 실험에 의하면 흰 쥐를 칼슘결핍증에 걸리게 해서 쥐의 행동을 관찰해 보니 쥐가 불안해 하며 난폭해지고 결국에는 서로 잡아먹는 일까지 일어난다는 연구가 있었다 스트레스가 많아지면 체내의 칼슘은 소비되고 또한 소변가운데 칼슘 배설량이 많아져 칼슘부족을 심화시킨다.

칼슘은 자율 신경계통의 안정 뿐만 아니라 스트레스로 가장 잃기 쉬운 비타민 B의 저장에 중요한 역할을 하므로 칼슘을 보충해야 한다.

칼슘을 보충할 수 있는 음식물로는 우유, 두부, 치즈, 마른 새우, 무말랭이 등이 있는데 이러한 것을 많이 섭취하는 것이 스트레스 강도를 낮추는데 좋다.

설탕을 과잉 섭취하면 스트레스를 유발한다.

사람들은 공복시에는 화를 잘 내고 불안해 하는데 이러한 것은 인체 내의 혈당치가 상승하기 때문이다. 즉 설탕을 많이 먹게 되면 인체내의 혈당치가 올라가서 스트레스를 유발하는 요인으로 작용한다는 것이다. 당뇨병 환자가 급격히 증가한 것을 보면 설탕의 과잉섭취는 반드시 피해야 할 것이다.

비타민 C는 스트레스를 방지한다.

쥐나 고양이 또는 그 밖의 다른 동물들도 스트레스를 받으면 당장 체내에서 비타민 C를 만들어 낸다.

그러나 사람의 경우는 그러지를 못하기 때문에 비타민 C군이 많이 포함되어 있는 음식물을 섭취하는 것이 스트레스 방지에 많은 도움을 준다. 과일류 가운데에서도 특히 딸기, 키위가 비타민 C가 많고 야채, 감자나 양배추, 녹차류 역시 비타민 C를 많이 함유하고 있는 식품이다.

짠 음식은 삼가하는게 좋다

짠 음식을 먹게 되면 산의 분비를 촉진시키고 강렬한 소화액이 위벽을 친투해 위궤양의 원인이 된다. 스트레스가 쌓이면 혈관의 운동이 원활하지 못하여 위의 내벽을 덮고 있는 보호막의 형성이 어려워진다. 이럴 때에 자극성이 강한 음식을 먹게 되면 위의 산분비를 자극 해서 위장병에 걸리기가 쉽다. 그러므로 될 수 있는대로 짠 음식도 피하는 것이 좋다.

지방질의 섭취량을 줄인다.

스트레스가 심해지면 고혈압, 심장병 등에 걸리기 쉽다. 이러한 병에 걸리기 쉽도록 하는 것이 지방질을 과잉으로 섭취하는 것이다. 콜레스테롤의 양이 많아지고 혈관이 막혀서 늘어 지고 여러 형태로 순환기 계통과 뇌를 빨리 노화시킨다. 스트레스를 높이지 않으려면 지방질 섭취량을 조절해 나가는 생환습관을 길러야 한다.

정말 나쁜 식습관 3가지

1. 한번에 먹는 것, 계속 먹는 것, 빨리 먹는 것

천천히 씹는 것으로 과식을 방지하도록.

살찐 사람에게 많은 것이, 한꺼번에 먹거나, 계속 먹거나, 빨리 먹는다. 어느 쪽이든 과식하기 쉬운 특징을 갖고 있다. 이런 사람은 천천히 씹어서 먹는다면, 대뇌의 만복중추가 자극받아, 만복 사인을 빨리 하게된다. 또 주말이 되면 기분이 개방적이 되어 계속 먹게 되는 사람은, 취미나 스포츠로 외출의 기회를 많이 만들도록 하자.

2. 하면서 먹는 것, 간식

과자나 주스를 집에 사두는 것은 삼가자. 무언가 하면서 먹는 것은 만복중추의 운동을 둔하게 하고, 만복감을 느끼기 힘들게하므로, 과식이 될 가능성이 높다.

식사시간에는 식사만을 즐기도록 하자. 또 간식도 하루 섭취 칼로리를 높이는 큰 요인이다.

3. 기분전환을 위해서 먹는 것, 화가 나서 먹는 것

식사 이외의 스트레스 해소법을 생각해 내자. 초조할 때나 스트레스가 쌓일때 그것을 해소하기 위해서 먹는 사람은 가능한 한 먹는 것 이외의 다른 것으로 기분전환하는 방법을 생각해 보자.

예쁜손 & 손톱 만들기 요령

아무리 예쁜 색상의 매니큐어를 바른다 해도, 기본이
안 되어 있으면 그 효과는 반감. 애나멜을 바르기 전 20분만
투자하면 더 아름다운 손톱을 가질 수 있다.

1. 미온수에 손을 5~10분
   정도 담그고 큐티클을
   불려준다.

2. 손톱 전용 화일을
   손끝에 대고 한쪽
   방향으로 움직인다.

3. 라운드 패드를 이용해
   손톱 끝을 부드럽게
   해준다.

4. 손톱 표면을 매끄럽게
   해주기 위해 샌딩 블럭을
   사용한다.

5. 큐티클 오일을 바르고
   큐티클이 스며들 수
   있도록 가볍게 문지른다.

6. 큐티를 푸셔를 이용해
   가볍게 밀어 큐티클을
   동그랗게 정리해 준다.

7. 큐티클을 니퍼로 깨끗
   하게 자른다.

8. 손을 깨끗이 씻고
   베이스 코트를 바른다.

9. 네일 에나멜을 바른다.

내 손가락 모양에 어울리는 반지 디자인은?

● 가늘고 긴손가락
모든 디자인의 반지가 잘 어울리는
가장 이상적인 손가락 모양이다. 특
히 반지 중앙에 작은 포인트가 있는
디자인이 기다란 손가락을 더욱 예
쁘게 강조해 준다.

● 가늘고 짧은 손가락
어린아이의 손처럼 귀여운 가늘고
짧은 손가락. 스톤이 너무 크거나
높지 않은 것. S자형의 언밸런스한
디자인이 손가락을 길어 보이게 해
준다.

● 울퉁불퉁한 손가락
마디가 굵어 튀어나온 울퉁불퉁 손
가락에는 굵은 모양의 반지위에 비
즈 같은 장식이 크거나 많이 달린
디자인이 적당하다. 시원시원한 느
낌을 주는 것이 키포인트이다.

● 통통하고 짧은 손가락
자칫하면 손가락이 더욱 짧아 보여
반지 선택에 어려움이 많은 손가락
모양. 반지 가운데가 파인 V자형 스
타일이나 혹은 여러 겹으로 이루어
진 독특하고 귀여운 디자인이 좋다.

Memo

Memo

Memo

Memo

Memo

Memo